REZEPTE

REZEPTE

Vorspeisen, Hauptgerichte,
Desserts und Gebäck

Rezeptfotos von Walter Cimbal

Bassermann

*I*nhalt

*V*orwort

Liebe Kochfreunde,

immer wieder werde ich gebeten, die Rezepte aus meinen Fernsehsendungen auch in Buchform zugänglich zu machen. Deshalb habe ich mich entschlossen, diesen Band mit meinen Kreationen zu veröffentlichen.

Die Lust am Essen und die Liebe zum Kochen – das bestimmt mein Leben und meine Arbeit. Bei meiner Art zu kochen, kommt es vor allem auf beste Produkte – Gemüse und Obst der Saison, frisches Fleisch und Geflügel, fangfrischer Fisch, würzige Kräuter – und auf den sorgsamen Umgang mit diesen Produkten an. Die eigentliche Kunst aber besteht darin, auch aus einfachen, guten Zutaten ein köstliches Gericht zuzubereiten. Deshalb sind meine Rezepte auch von Hobbyköchen gut nachzukochen. Natürlich sind auch in diesem Buch wieder einige aufwendigere Gerichte dabei, doch die Mühe lohnt sich, wenn Sie Ihre Gäste und sich selbst mit einem festlichen Essen verwöhnen wollen.

Als gebürtiger Österreicher, der in verschiedenen Ländern gelernt und gearbeitet und schließlich in Deutschland seine Heimat gefunden hat, bin ich fast ein wenig dazu prädestiniert, ein „Wanderer zwischen den kulinarischen Welten" zu sein. So lasse ich mich immer wieder von den Küchen fremder Länder anregen, experimentiere mit Gewürzen und verwende neue Zutaten, die mehr und mehr auch in Deutschland erhältlich sind. Ist es nicht etwas Wunderbares, auch auf dem kulinarischen Weg andere Kulturen kennen zu lernen? Für dieses Buch habe ich eine Reihe kleiner Gerichte ausgewählt, die schnell zuzubereiten sind und sich besonders gut als Vorspeisen oder für unerwartete Gäste eignen. Dass die „Alltagsküche" keineswegs alltäglich sein muss, zeigt das zweite Kapitel. Im dritten Teil finden Sie Rezepte für festliche Gerichte und im vierten kommen die Liebhaber von süßen Leckereien auf ihre Kosten.

Nun wünsche ich Ihnen viel Freude und Erfolg beim Nachkochen meiner Rezepte. Lassen Sie sich von meinen Ideen inspirieren, stellen Sie sich ein komplettes Menü zusammen (Vorschläge dazu finden Sie auf der Seite 14) oder wandeln Sie die Rezepte einmal nach eigenen Vorstellungen ab. Auch ich entwickle meine Ideen immer weiter, verändere und verfeinere. Und wenn Sie sich weitere Anregungen wünschen, sehen Sie sich die nächsten Folgen meiner Sendungen an oder besuchen Sie mich doch einmal in einem meiner beiden Restaurants auf der Stromburg in 55442 Stromberg am Fuße des Hunsrücks.

Herzlichst
Ihr

Johann Lafer

Gutes kann nur mit Gutem gelingen

Qualität und Frische der Zutaten

Zu einem guten, selbst zubereiteten Essen gehören nicht nur Lust und Liebe zum Kochen. Entscheidend sind frische Zutaten, sorgsamer Umgang mit den Lebensmitteln, schonende Zubereitung und auch das richtige „Handwerkszeug".

Natürlich erleichtert es die Arbeit in der Küche, wenn Sie nicht alle Zutaten erst einkaufen müssen. Mehl, Zucker, Salz und Gewürze, Nudeln, Reis und Kartoffeln, gutes Öl und Bratfett sind sicher in fast allen Haushalten vorhanden. Achten Sie aber auch bei diesen Grundprodukten auf gute Qualität und auf die richtige Lagerung.

Frisch und aus der Saison

Ein einfacher Fisch kann zum Hochgenuss werden, wenn er ganz frisch zubereitet wird. Spargel und Erdbeeren schmecken im Mai/Juni am besten, Tomaten sind im Sommer besonders aromatisch und deftiger Kohl passt in die kalte Jahreszeit. Jede Jahreszeit hat ihren kulinarischen Reiz und wenn Sie frisches Obst und Gemüse der Saison verwenden, bringt das eine schöne Abwechslung in Ihre Küche.

Auch bei Fleisch, Geflügel und Fisch sind Qualität und Frische entscheidend. Es wäre sehr schade, wenn sich der Braten, den Sie mit einigem Aufwand zubereitet haben, als zäh erweist, nur weil Sie billiges oder nicht genügend abgehangenes Fleisch verwendet haben. Auch Kleinigkeiten sind wichtig. Eine Sauce schmeckt erst richtig „rund", wenn Sie einen guten Wein dafür verwenden oder frische, aromatische Kräuter.

Die richtige Würze

Kräuter und Gewürze sind unentbehrliche Bestandteile nahezu aller Speisen. Ob Sie einem Gericht einen mediterranen Touch, den Duft der orientalischen Küche oder asiatische Schärfe verleihen wollen – Gewürze spielen dabei eine entscheidende Rolle. Bereits gemahlen, verlieren sie jedoch sehr schnell an Duft und Geschmack. In meiner Küche verwende ich deshalb fast ausschließlich frisch gemahlene Gewürze. Sehr gute Erfahrungen habe ich mit den WMF Gewürzmühlen Ceramill gemacht. Die starken Mahlwerke aus Keramik zerkleinern die Gewürze optimal und setzen die für Aroma und Geschmack entscheidenden ätherischen Öle frei.

Kaufen Sie möglichst nur Gewürze eines bekannten Herstellers. Hier ist die Gefahr einer Schadstoffbelastung am geringsten. Lagern Sie dann die Gewürze stets dunkel und kühl. Die Speisekammer oder der Küchenschrank sind beispielsweise gute Aufbewahrungsorte. Optimale Gefäße sind außer der Originalverpackung luftdicht schließende Schraubdeckelgläser.

Anders bei Knollengewürzen, wie etwa Knoblauch und frischer Ingwer. Diese müssen in luftdurchlässigen Körben oder Tontöpfen gelagert werden, damit sie nicht faulen.

Frische Kräuter sollten Sie sofort nach dem Einkauf bzw. nach der Ernte in kaltes Wasser stellen. Schneiden Sie die Stiele an und entfernen Sie die Gummiringe, mit denen die Kräuter oft zusammengehalten werden. Für eine etwas längere Lagerung können Sie die Blättchen auch von den Stängeln zupfen und in einem Frischhaltebeutel im Kühlschrank lagern.

Das richtige Handwerkszeug

Profitopf und Pfanne

Wenn Sie bei den Zutaten Wert auf Qualität legen, sollten Sie auch am „Handwerkszeug" nicht sparen. Gute Qualität zahlt sich auf lange Sicht in jedem Fall aus.

Töpfe und Pfannen kommen in der Küche besonders oft zum Einsatz. Edelstahl, Aluminium, Email, Gusseisen, Glas oder Porzellan, Töpfe aus all diesen Materialien sind erhältlich. Ich empfehle Ihnen Edelstahltöpfe. Sie sind für die Zubereitung der meisten Gerichte sehr gut geeignet und verbinden hervorragend die verschiedenen Kocheigenschaften. Gute Edelstahltöpfe haben einen so genannten Sandwichboden. Dabei sind Kupfer und Aluminium, beides optimale Wärmeleiter, als Legierung in den Topfboden eingearbeitet, wie der Belag bei einem Sandwich.

Gerade dem Topfboden kommt eine besondere Bedeutung zu. Ein völlig planer Boden nimmt

die Wärme optimal von der Herdplatte auf. Ist er 2–3 mm dick oder, noch besser, extra verstärkt, wird die Hitze gut verteilt und gleichmäßig an das Kochgut abgegeben. Der „TransTherm Boden" aus der WMF Kochgeschirr-Reihe „Topstar" bietet zum Beispiel diesen Komfort.

Achten Sie beim Kauf von Töpfen besonders auf die Griffe. Sie sollen, im Gegensatz zum Boden, die Hitze nicht leiten, damit Sie sich beim Anfassen nicht verbrennen. Gute Töpfe sind spülmaschinenfest. Töpfe mit Schüttrand erleichtern die Arbeit ebenfalls. Wichtig ist außerdem ein gut schließender Deckel, damit Sie energiesparend kochen können und kein Wasserdampf mit wertvollen Vitaminen und Mineralstoffen entweichen kann. Schließlich sollten Sie auch darauf achten, dass sich die Töpfe gut stapeln und somit platzsparend aufbewahren lassen.

Welche Töpfe für Ihre Küche die richtigen sind, hängt von Ihren Kochgewohnheiten ab – und

davon, welche Gerichte Sie häufig zubereiten. Generell sind Töpfe mit 1,5–3 l Inhalt (das entspricht einem Durchmesser von 16–20 cm) für die meisten Anforderungen geeignet. Neben diesen Universaltöpfen gibt es noch unzählige Spezialtöpfe, die für die Zubereitung spezieller Nahrungsmittel entwickelt worden sind, beispielsweise Spargel- und Milchtöpfe, oder auch Töpfe mit Dünst- und Frittiereinsätzen. Zum Garen im Wasserbad sind bei den meisten Gargeschirr-Reihen spezielle Einsätze erhältlich, die fest auf dem Topfrand aufliegen. So läuft kein Wasser über und Sie können im Einsatz rühren, ohne ihn festhalten zu müssen. Für Freunde der italienischen Küche bietet sich ein großer Pastatopf an, und wenn Sie häufig Saucen zubereiten, vielleicht eine Sauteuse. Wenn Sie Wert auf Zeit- und Energieersparnis legen, lohnt die Anschaffung eines Schnellkochtopfs. Bis zu 70 % Zeit und 40 % Energie lassen sich gegenüber dem herkömmlichen Garen einsparen. Zudem bleiben Nährstoffe und Vitamine bei kurzem Kochen besser erhalten.

Auch bei Pfannen kommt es auf gute Qualität an. Gerichte, die eine knusprige Oberfläche bekommen sollen, werden in einer Pfanne ohne Deckel gebraten. Wichtig ist dabei auch die Größe der Pfanne, denn bei zu viel Bratgut sinkt die Temperatur zu stark ab und die Lebensmittel werden nicht gleichmäßig angebraten. Oder die Poren des Fleischs schließen sich nicht schnell genug, es tritt Fleischsaft aus und das Fleisch köchelt im eigenen Saft. Ist die Pfanne zu groß, wird das Fett leicht zu heiß und kann verbrennen.

Beschichtete Pfannen eignen sich für fettarmes Braten und für die Zubereitung empfindlicher Gerichte mit Eiern, Fisch oder Geflügel. Diese Pfannen dürfen nicht zu stark erhitzt werden. Grillpfannen empfehlen sich dann, wenn sie auf dem Bratgut ein typisches Grillmuster haben möchten.

Übrigens: In Pfannen mit Deckel können Sie auch dünsten. Der Deckel verkürzt zudem die Garzeit. Allerdings wird das Bratgut nicht knusprig. Manche Deckel erlauben aber die Regulierung des Dampfabzugs, sodass Sie Einfluss auf den Feuchtigkeitsgehalt nehmen können.

Schneiden wie ein Profi

Schneiden gehört zu den häufigsten Arbeiten in der Küche. Lebensmittel müssen vor dem Kochen geschält und zerkleinert, Fleisch muss geputzt, fertige Braten, Schinken, Brot oder Torte müssen aufgeschnitten werden. Gute Messer sind zwar relativ teuer, doch sollten Sie hier beim Kauf auf keinen Fall sparen. Kaufen Sie lieber wenige, aber dafür qualitativ hochwertige Messer. Vielleicht haben Sie sich auch schon einmal geärgert, dass der mit viel Liebe zubereitete Braten wenig ansehnlich auf der Servierplatte liegt, weil Sie kein gutes Messer zum Aufschneiden zur Verfügung hatten? Für einen normalen Haushalt reichen für den Anfang ein Gemüsemesser, ein Fleischmesser, ein Kochmesser und ein Schinkenmesser. Achten Sie beim Kauf auf geschmiedete Klingen. Sie sind hochwertiger als gestanzte und bleiben länger scharf. Die Klinge sollte ohne Fugen in den Schaft übergehen, damit sich kein Schmutz festsetzen kann, der nur schwer zu entfernen ist. Besonders wichtig sind auch die Griffe. Probieren Sie aus, welche Messer Ihnen gut in der Hand liegen. Ein Fingerschutz am

Griff, der das Abrutschen in die Klinge verhindert, sollte auf jeden Fall vorhanden sein. Ganz wichtig zu wissen: Gute Messer dürfen nicht in die Spülmaschine. Sie sollten auch in der Schublade nicht aneinander reiben und selbstverständlich dürfen Sie mit ihnen nicht auf Metall oder Stein schneiden. Dadurch werden die Messer stumpf.

Aber auch bei normalem Gebrauch verlieren Messer mit der Zeit ihre Schärfe. Mit einem Wetzstahl können Sie sie wieder schärfen. Führen Sie dazu die Klinge abwechselnd links und rechts mit sanftem Druck in einem flachen Winkel am Wetzstahl entlang. Wenn Sie nach langem Gebrauch auch damit die Messer nicht mehr genügend schärfen können, sollten Sie sie beim Fachhändler nachschleifen lassen.

Schälen, rühren, aufschlagen…

Neben Messern sind weitere Werkzeuge in der Küche wichtig. Ein Sparschäler erlaubt dünnes Schälen von Gemüse und Obst; mit der Spitze können schadhafte Stellen ausgestochen werden. Einen speziellen Schäler gibt es für Spargel. Außerdem unentbehrlich sind Apfelentkerner, verschiedene Kugelausstecher und Juliennereißer.

Bei all diesen Werkzeugen macht sich Qualität auf längere Sicht bezahlt. Das gilt besonders für eine stabile und funktionstüchtige Knoblauchpresse sowie für Schneebesen, von denen Sie am besten drei Größen zur Hand haben sollten. Schließlich vervollständigen Siebe, Schneidbretter und Schaumlöffel Ihre Küchenausrüstung. Ich empfehle Ihnen Siebe aus Metall. Kunststoff verzieht sich mit der Zeit, wenn er häufig mit heißen Speisen in Berührung kommt.

Stabile Schneidbretter sind die geeignete Unterlage, wenn Sie Lebensmittel zerkleinern oder flach klopfen müssen. Kunststoffbretter lassen sich leicht abwaschen und auch einmal in der Spülmaschine reinigen. Wichtig: Achten Sie beim Kauf darauf, dass die Bretter nicht rutschen. Übrigens sind auch Holzbretter besser als ihr Ruf. Nach neueren wissenschaftlichen Untersuchungen sterben auf gründlich gereinigtem Holz Keime sehr schnell ab. Ein unentbehrlicher Küchenhelfer ist die Salatschleuder. Salat sollte vollständig trocken sein, bevor er mit dem Dressing mariniert wird, damit dieses gut an den Blättern haftet und nicht verwässert wird. Mit der Salatschleuder wird das Trocknen zum Kinderspiel.

Der Herd

Ob Sie auf Elektroplatten, auf einem Ceranfeld oder auf Gas kochen, ist für das Gelingen eines guten Essens nicht maßgeblich. Jede Herdart hat Vor- und Nachteile. Man sollte nur gut mit den Eigenschaften seines eigenen Herdes vertraut sein. Die meisten Vorteile vereinigt ein Induktionsherd in sich. Durch elektromagnetische Felder wird nur der Topfboden erhitzt, der restliche Herd bleibt kalt und überkochende Flüssigkeit oder spritzendes Fett können nicht einbrennen. Allerdings dürfen für Induktionsherde nur dafür geeignete Töpfe und Pfannen verwendet werden. Erkundigen Sie sich daher vor dem Kauf.

Einige Tipps aus meiner Küche

Mit frischen Zutaten und einer guten Küchenausrüstung ist der Kocherfolg schon fast vorprogrammiert. Im Folgenden verrate ich Ihnen aber noch ein paar kleine Geheimnisse, die die Arbeit erleichtern.

Planen Sie die Zubereitung, vor allem wenn Sie ein komplettes Menü kochen. Nehmen Sie sich genügend Zeit und bereiten Sie alles früh genug vor. Überlegen Sie, welche Lebensmittel Sie benötigen, und stellen Sie die wichtigsten Utensilien bereit.

Eine wesentliche Erleichterung ist es, wenn Sie vor dem eigentlichen Kochen bereits alle Zutaten putzen, waschen und klein schneiden. Gerade wenn Sie nur eine kleine Küche haben und es an Stellplatz mangelt, ist es hilfreich, zwischendurch nicht mehr benötigtes Geschirr und Töpfe zu spülen und wegzuräumen. Sie

werden sehen, in einer übersichtlichen Küche kocht es sich einfach besser.

Denken Sie daran, den Backofen rechtzeitig vorzuheizen, und nehmen Sie Lebensmittel früh genug aus dem Kühlschrank. Besonders bei manchen Kuchenteigen ist es wichtig, dass alle Zutaten die gleiche Temperatur haben.

Wenn Sie eine Poularde ausgebeint haben, von der Sie nur die Brust und die Schenkel benötigen, könnten Sie aus dem Rest gleich einen Geflügelfond kochen. Dieser lässt sich sehr gut einfrieren und beim nächsten Kochen können Sie darauf zurückgreifen.

Fett ist ein wesentlicher Geschmacksträger. Deshalb schmecken mit Butter gebundene Saucen und mit Sahne verfeinerte Suppen auch so gut. Wenn Sie auf Ihre Linie achten müssen, können Sie auf die Sahne auch einmal verzichten oder eine Sauce statt mit Butter mit etwas in kaltem Wasser angerührter Speisestärke binden. Allerdings schmeckt die Sauce dann nicht mehr ganz so fein. Eine andere Möglichkeit besteht darin, die Sauce oder den Fond zu entfetten. Wenn genügend Zeit ist, um den Fond im Kühlschrank vollständig abzukühlen, lässt sich das Fett leicht mit einem Löffel oder einer Schaumkelle abnehmen. Von warmem Fond oder warmer Sauce können Sie das Fett vorsichtig mit einem Löffel abschöpfen oder mit einem Küchenkrepp absaugen. Im Handel sind auch Saucengefäße mit einem Ausguss in Bodenhöhe erhältlich. Sie entnehmen nur die reine Sauce, das sich oben absetzende Fett bleibt zurück.

Am wichtigsten ist jedoch, dass Kochen Freude bereitet. Nehmen Sie sich deshalb Zeit dafür. Kaufen Sie in Ruhe ein und gehen Sie mit Lust und Liebe an die Zubereitung. Mit guten Freunden zusammen zu kochen, kann ebenso viel Freude bereiten wie die Einladung zu einem fertigen Menü. So verhelfen Ihnen nicht nur ein gutes Essen, sondern auch die gemeinsame Zubereitung zu einem gelungenen Abend.

Hinweise zu den Rezepten

Damit beim Nachkochen nichts schief gehen kann, hier noch einige Hinweise:

Die Zeitbegriffe bei den Rezepten sollen Ihnen helfen, den Arbeitsaufwand möglichst gut einschätzen zu können. Da teilweise komplette Hauptgerichte mit Beilagen, zum Teil aber auch nur eine Suppe oder eine Vorspeise beschrieben werden, lassen sich die beiden Begriffe „geht schnell" und „braucht Zeit" nicht exakt in Minuten messen.

Gerichte, die in maximal 1 Stunde fertig zuzubereiten sind, haben wir mit dem Begriff „geht schnell" gekennzeichnet. Dauert die Zubereitung länger, fallen die Rezepte unter die Kategorie „braucht Zeit".

Die Backofentemperaturen beziehen sich auf einen Elektrobackofen mit Ober- und Unterhitze. Wenn Sie mit Gas oder Umluft arbeiten, rechnen Sie die Werte bitte entsprechend den Herstellerangaben für Ihren Herd um.

Die Abkürzungen

Damit mehr Platz für Erklärungen bleibt, wurden einige Begriffe in den Rezepten abgekürzt. Im Folgenden finden Sie eine Aufstellung der verwendeten Abkürzungen und ihrer Bedeutung.

EL	=	Esslöffel (gestrichen)
TL	=	Teelöffel (gestrichen)
Msp.	=	Messerspitze

ml	=	Milliliter
l	=	Liter
g	=	Gramm
kg	=	Kilogramm
cm	=	Zentimeter
mm	=	Millimeter
Bd.	=	Bund
P.	=	Päckchen
TK-…	=	Tiefkühl-…
Ø	=	Durchmesser

Meine Menüvorschläge

Frühlingsmenü

Forellenrahmsüppchen mit Forellen-Lachs-
Tatar und Gurkenspaghetti (S. 58)

Lamm-Medaillons im Wirsingmantel
mit Basilikumgnocchi (S. 102)

Kokosschaum auf Gewürzragout von
Zitrusfrüchten und Mandelbaiser
(S. 140)

Herbstmenü

Pilzsalat (S. 26)

Unter der Haut gefüllte Poularde (S. 114)

Duett von Vanille- und Schokoladenmousse
mit Dörraprikosenragout
(S. 128)

Sommermenü

Marinierter Gemüsesalat (S. 24)

Saltimbocca und mit Mozzarella überbackene
Grießgnocchi (S. 66)

Kürbiskernparfait mit Heidelbeerkompott
(S. 136)

Wintermenü

Schaumsuppe mit Rucolapesto und
Jakobsmuscheln (S. 54)

Gänsebrust mit Schwarzwurzeln in
Preiselbeerrahm und Kartoffel-Maronen-
Bällchen (S. 118)

Abgeflämmtes Winterapfeleisparfait mit
gelierten Apfelspalten (S. 138)

Rustikales Menü

Kartoffel-Sauerkraut-Suppe mit gebackener
Blutwurst (S. 62)

Lammbuletten auf Rahmspitzkohl (S. 76)

Soufflierte lauwarme
Limonentorte (S. 154)

Festliches Menü

Salat von Zuckerschoten mit
gebratenen Scampi in Walnussöl (S. 28)

Gebratenes Rinderfilet mit Madeirasauce und
Kartoffel-Zucchini-Gratin (S. 100)

Orangen-Halbgefrorenes mit flambierter
Ananas (S. 134)

Glossar

Beignets: Krapfen, durch Backteig gezogene und in Fett ausgebackene Lebensmittel.

Blanchieren: Die meist klein geschnittenen Lebensmittel kurz in sprudelnd kochendem, manchmal gesalzenem, Wasser garen und dann in kaltem oder Eiswasser abschrecken, um den Garprozess zu unterbrechen. Dadurch behalten sie Biss, Farbe und Vitamine.

Blindbacken: Die mit Mürbeteig ausgelegten Formen mit getrockneten Hülsenfrüchten (z. B. Kichererbsen) füllen und backen. So behält der Teig seine Form, schlägt keine Blasen und der Rand kann nicht herunterrutschen.

Buntmesser: Schneidet in rohes oder gekochtes Gemüse, aber auch in Obst und Früchte wellenförmige Muster.

Carpaccio: Ursprünglich hauchdünn aufgeschnittenes rohes Rindfleisch, gewürzt mit Salz, Pfeffer, Zitronensaft und Olivenöl, heute auch Bezeichnung für hauchdünne Scheiben anderer Lebensmittel mit einer säuerlichen Marinade.

Chutney: Süß-säuerliche Würzmarmelade aus klein geschnittenen Früchten oder Gemüse, meist gewürzt mit Essig, Zucker und Pfeffer.

Filetieren: Zum Filetieren von Zitrusfrüchten die Schale (auch die weiße, pelzige Haut) vollständig entfernen. Dann mit einem kleinen Messer neben einer Trennwand bis zur Mitte hin einschneiden. Mit einem zweiten Schnitt neben der zweiten Trennwand das Filet herauslösen.

Fond: Ein konzentrierter Auszug aus Knochen und Fleischabschnitten, Krustentieren oder Fischen mit Gemüse und Kräutern lange gekocht und entfettet. Fonds gibt es in verschiedenen Geschmacksrichtungen fertig zu kaufen.

Gelatine: Geliermittel, hergestellt aus tierischem Eiweiß. Ist in Pulver- und Blattform erhältlich. 1 Blatt entspricht etwa 2 g Pulver.

Jus: Brauner Fleischsaft, meist konzentriert eingekocht, auch Bezeichnung für eine andere konzentrierte Sauce.

Karamellisieren: Zucker in einer Pfanne oder einem Topf auf dem Herd schmelzen lassen und erhitzen, bis er eine hell- bis dunkelbraune Farbe annimmt.

Kokosmilch: Ist flüssig in Dosen oder Tetrapacks erhältlich oder in fester Form als Block, der nach Packungsanweisung in warmem Wasser aufgelöst wird.

Krokant: Mit Nüssen oder Mandeln versetzter Karamell.

Kuvertüre: Aus Kakaotrockenmasse unter Zusatz von Kakaobutter und Zucker hergestellte Schokoladenmasse.

Läuterzucker: Zuckersirup, der durch Einkochen einer Zucker-Wasser-Mischung hergestellt wird (S. 138).

Parfait: Ursprünglich eine feine Eiscreme aus Zucker, Sahne, Eigelb und Eischnee, heute auch Bezeichnung für eine pikante feine Masse aus Leber, Hummer usw., die in einer Form in Wasser gegart wird.

Passieren: Durch ein Sieb oder ein Passiertuch gießen oder streichen, um eine reine Sauce oder Creme zu erhalten.

Saté: Eigentlich auf Holzkohlenglut gegrillte Spießchen mit Schweine- oder Geflügelfleisch, auch Fisch.

Schmarrn: In einer Pfanne gebackener, mit 2 Gabeln oder Pfannenwendern zerteilter Eierkuchen.

Tempura: Fisch, Meeresfrüchte und Gemüse in Backteig, auf Stäbchen gespießt und schwimmend in Fett ausgebacken.

Vinaigrette: Salatsauce aus Essig, Salz, Gewürzen und Öl. Die klassische Vinaigrette enthält 1 Teil Essig und 3 Teile Öl. Dressing ist ebenfalls eine Salatsauce, die auch andere Zutaten enthalten kann.

Wasserbad: Für ein Wasserbad Wasser in einem großen Topf auf 75–85 °C erhitzen und dann auf mittlere Temperatur zurückschalten. In den heißen Wasserdampf eine Schüssel mit der Sauce oder Creme hängen und ständig rühren. Im Wasserbad werden Lebensmittel gegart oder erwärmt, die bei höherer Temperatur gerinnen oder ausflocken würden.

VORSPEISEN

Ob fein-aromatisch oder
würzig-rustikal, ob einfach
oder etwas aufwendiger –
in diesem Kapitel finden Sie
garantiert Ihren Favoriten.
Raffinierte Salate und
Häppchen sowie feine
Suppen und kleine Gerichte
machen „Lust auf mehr"!

Krabbenbruschetti

125 g Kochschinken
100 g frisches weißes Fischfilet, küchenfertig (z. B. Schollenfilet)
200 g Nordseekrabben

Den Schinken fein würfeln. Fisch und Krabben fein hacken.

½ Knoblauchzehe
½ TL gemahlener Ingwer
½ TL Sojasauce
½ TL Sherry
Salz
gemahlener Chili

Den Knoblauch schälen und fein würfeln. Gemahlenen Ingwer, Knoblauch, Sojasauce und Sherry zu dem Hackgemisch geben und mit Salz und Chili würzen.

1 EL (10 g) Speisestärke
1 Ei
2 EL Schnittlauchröllchen

Die Speisestärke, das Ei und den Schnittlauch zu der Masse geben und alles gut vermischen.

8 Scheiben Toastbrot
3 Eiweiß
30 g schwarze Sesamkörner
30 g weiße Sesamkörner

Das Toastbrot entrinden. Die Eiweiße leicht schlagen. Die Toastbrotscheiben in je 2 gleich große Dreiecke schneiden. Jeweils eine Hälfte dick mit der Masse bestreichen und die zweite Hälfte darauf legen. Die gefüllten Toastbrotdreiecke in das Eiweiß tauchen und anschließend in die vermischten Sesamkörner drücken.

100 ml Öl

Das Öl in einer Pfanne erhitzen und die Toastbrotdreiecke darin schwimmend goldgelb ausbacken. Die Bruschetti herausnehmen und auf Küchenkrepp abtropfen lassen.

Mein Tipp

Sesam, auch wegen seines Öls geschätzt, schmeckt nussartig und entfaltet seinen vollen Geschmack erst beim Braten oder Rösten. Lagern Sie Sesam nicht zu lange, damit er nicht ranzig wird.

Käferbohnensalat mit Rindfleisch

200 g getrocknete Käferbohnen (Feuerbohnen)

Die Bohnen einmal heiß abspülen und dann über Nacht in kaltem Wasser einweichen. Die Bohnen in kochendem Wasser etwa ½ Stunde garen, bis sie weich sind, abgießen, mit kaltem Wasser abschrecken und auf einem Küchentuch abtropfen lassen.

200 g gekochtes Rindfleisch

Das Rindfleisch erst in dünne Scheiben, dann in feine Streifen schneiden.

**1 rote Paprikaschote
1 gelbe Paprikaschote
1 grüne Paprikaschote**

Den Paprika waschen, vierteln, von den Kernen befreien und mit einem Sparschäler schälen. Die Paprikaviertel in Streifen schneiden und mit den Bohnen und dem Rindfleisch vermischen.

**3 EL Weißweinessig
80 ml Rinderbrühe
Salz
gemahlener schwarzer Pfeffer
60 ml Kürbiskernöl
1 mittelgroße Zwiebel
1 Knoblauchzehe**

Aus dem Weißweinessig, der Rinderbrühe, Salz und Pfeffer sowie Kürbiskernöl eine Vinaigrette rühren. Die Zwiebel schälen und fein würfeln, den Knoblauch schälen und hacken. Zwiebel und Knoblauch zur Vinaigrette geben. Die Vinaigrette über den Salat gießen und ½ Stunde ziehen lassen.

**70 g Frühlingszwiebeln
Salz
gemahlener schwarzer Pfeffer
2 EL gehackte Petersilie
2 EL (20 g) frisch geriebener Meerrettich**

Die Frühlingszwiebeln putzen, waschen, in Scheiben schneiden und zum Salat geben. Den Salat mit Salz und Pfeffer abschmecken und mit Petersilie und geriebenem Meerrettich bestreuen.

Mein Tipp

Wenn Sie die Paprikaschoten schälen, ziehen Sie am besten dünne Gummihandschuhe an, denn sonst verfärbt der Paprikasaft Ihre Hände.

Dieser Salat lässt sich auch sehr gut in großen Mengen zubereiten und macht dann auf jedem Bufett eine gute Figur.

Johann Lafer

Gebackene Emmentalerwürfel mit feiner Remouladensauce

100 g Mayonnaise
100 g Naturjoghurt
1 saure Gurke
1 hart gekochtes Ei
1 EL Kapern
3 Sardellen
2 Schalotten

Für die Remouladensauce die Mayonnaise mit dem Joghurt glatt rühren. Die Gurke und das gepellte Ei in kleine Würfel schneiden. Die Kapern und die Sardellen fein hacken. Die Schalotten schälen und fein würfeln.

1 EL gehackte Petersilie
1 EL gehackter Kerbel
Saft von 1 Zitrone
Salz
gemahlener weißer Pfeffer

Gurke, Ei, Kapern, Sardellen, Schalotten und Kräuter zur Joghurtmayonnaise geben. Die Sauce mit Zitronensaft, Salz und Pfeffer abschmecken und beiseite stellen.

200 g Emmentaler am Stück
etwa 60 g Mehl

Den Emmentaler in 2–3 cm große Würfel schneiden. Die Käsewürfel in Mehl wenden.

4 Eier
200 g gemahlene Pekanüsse

Die Eier verquirlen. Die Käsewürfel durch das verschlagene Ei ziehen und diesen Vorgang nochmals wiederholen. Dann die Käsewürfel in den gemahlenen Pekanüssen wälzen.

200 ml Erdnussöl

Die doppelt panierten Emmentalerwürfel in dem heißen Erdnussöl goldgelb ausbacken, auf Küchenkrepp abtropfen lassen und mit Remouladensauce servieren.

geht schnell
4 Personen

$\mathcal{M}$arinierter Gemüsesalat

2 Schalotten	Den Backofen auf 250 °C vorheizen (Oberhitze oder Grill). Die Schalotten
¼ TL Salz	schälen und fein würfeln. Das Salz in dem Balsamessig auflösen und das
70 ml Balsamessig	Olivenöl einrühren. Schalottenwürfel und gehackte Petersilie hinzufügen.
200 ml Olivenöl	Die Basilikumblätter fein schneiden und darunter rühren. Das Dressing mit
2 EL gehackte Petersilie	Salz abschmecken
2 EL Basilikumblätter	

2 rote Paprikaschoten	Den Paprika waschen, vierteln und das Kerngehäuse entfernen. Die Paprika-
2 gelbe Paprikaschoten	viertel mit der Schale nach oben auf ein Backblech legen, mit dem Olivenöl
2 EL Olivenöl	beträufeln und für etwa 5 Minuten auf der oberen Einschubleiste in den
Salz	Backofen schieben. Wenn die Haut Rillen bildet, den Paprika herausnehmen,
gemahlener schwarzer Pfeffer	abkühlen lassen und mit einem Messer die Haut abziehen. Den Paprika mit
	Salz und Pfeffer würzen.

1 grüne Zucchini	Die Zucchini waschen, putzen und in etwa 4 mm dicke Scheiben schneiden.
1 gelbe Zucchini	Die Schalotte schälen und fein würfeln. Das Olivenöl in einer Pfanne erhit-
1 Schalotte	zen und die Zucchinischeiben darin anbraten.
2 EL Olivenöl	

1 angedrückte Knoblauchzehe	Die Schalottenwürfel und den angedrückten, ungeschälten Knoblauch zu
1 Thymianzweig	den Zucchini geben und kurz mitbraten. Thymian und Rosmarin hinzufügen
1 Rosmarinzweig	und die Zucchini mit Salz würzen.
Salz	

2 Auberginen	Die Auberginen waschen, putzen und in etwa 4 mm dicke Scheiben schnei-
1 Schalotte	den. Die Schalotte schälen und fein würfeln. Das Olivenöl in einer Pfanne
6 EL Olivenöl	erhitzen und die Auberginenscheiben darin von einer Seite anbraten.

1 angedrückte Knoblauchzehe	Die Schalottenwürfel und den angedrückten, ungeschälten Knoblauch
1 Thymianzweig	zu den Auberginen geben und kurz mitbraten. Thymian und Rosmarin hin-
1 Rosmarinzweig	zufügen und die Auberginen mit Salz würzen. Die Auberginenscheiben
Salz	wenden und auf der zweiten Seite fertig braten.
	Die gebratenen Zucchini und Auberginen noch warm aus den Pfannen
	nehmen und zusammen mit den noch lauwarmen Paprikavierteln mit dem
	Dressing marinieren.

ilzsalat

20 g Sardellenfilets	Die Sardellenfilets und den Senf mit dem Pürierstab mixen, den Essig
1 EL Senf	hinzufügen und mit aufmixen. Nach und nach das Öl einlaufen lassen
⅛ l Weißweinessig	und die Petersilie in das Dressing rühren.
70 ml Olivenöl	
2 EL gehackte Petersilie	

250 g Champignons	Die Pilze putzen und in Scheiben schneiden. Das Olivenöl in einer Pfanne
250 g Austernpilze	erhitzen und die Pilze darin anbraten.
50 ml Olivenöl	

2 Schalotten	Die Schalotten und den Knoblauch schälen, in feine Würfel schneiden, zu
3 Knoblauchzehen	den Pilzen geben und kurz mit anbraten. Die Pilze vom Herd nehmen und
	noch warm mit dem Dressing marinieren.

3 Tomaten	Die Tomaten über Kreuz einritzen, mit kochendem Wasser überbrühen,
2 EL (20 g) Pinienkerne	abschrecken und die Haut abziehen. Den Stielansatz und die Kerne entfer-
2 EL gehackte Petersilie	nen und das Fruchtfleisch würfeln. Die Pinienkerne in einer Pfanne ohne
Salz	Fett goldgelb rösten. Die Tomatenwürfel, die Pinienkerne und die Petersilie
gemahlener schwarzer Pfeffer	zu den Pilzen geben und alles mit Salz, Pfeffer und Chili würzen.
gemahlener Chili	Dieser Pilzsalat kann gut mit verschiedenen Blattsalaten angerichtet werden.

> *Mein Tipp*
> *Pilze sollten Sie nach Möglichkeit nicht waschen, denn sie saugen
> sich sonst voll Wasser. Reiben Sie sie besser mit einem Küchenkrepp
> oder einer Bürste ab.
> Bei Austernpilzen muss der oft zähe Stiel entfernt werden.
> Der weißliche Belag bei Austernpilzen ist übri-
> gens sortentypisch und unbedenklich.*
>
> *Johann Lafer*

Salat von Zuckerschoten mit gebratenen Scampi in Walnussöl

200 g Zuckerschoten Salz	Die Zuckerschoten putzen und in kochendem Salzwasser 3–4 Minuten blanchieren, in Eiswasser abschrecken und abtropfen lassen.
3 EL Balsamessig 50 ml Geflügelfond Salz gemahlener schwarzer Pfeffer 80 ml Walnussöl 1 Schalotte	Aus Balsamessig, Geflügelfond, Salz und Pfeffer sowie Walnussöl eine Vinaigrette rühren. Die Schalotte schälen, fein würfeln und dazugeben. Die Zuckerschoten mit der Vinaigrette marinieren.
etwas Friséesalat etwas Lollo Rosso	Friséesalat und Lollo Rosso putzen, gründlich waschen, gut abtropfen lassen und in mundgerechte Stücke zupfen. Die Salate dekorativ auf 4 Tellern anrichten.
2 Knoblauchzehen 2 Schalotten 1 Tomate 1 EL (10 g) Walnusskerne	Den Knoblauch und die Schalotten schälen, den Knoblauch hacken, die Schalotten fein würfeln. Die Tomate über Kreuz einritzen, kurz überbrühen, abschrecken und die Haut abziehen. Den Stielansatz und die Kerne entfernen und das Fruchtfleisch würfeln. Die Walnusskerne hacken.
12 oder 16 große Scampi (Riesengarnelen)	Von den Scampi jeweils die Köpfe abtrennen. Die Schwänze von den Schalen befreien, die Schwanzflossen aber dranlassen. Die Rücken jeweils längs aufschneiden und die dunklen Därme unter fließendem Wasser herauswaschen. Die Scampi trockentupfen.
3 EL Walnussöl	Das Walnussöl in einer Pfanne nicht zu stark erhitzen und die Scampi darin von jeder Seite etwa 2 Minuten braten.
1 TL gehackte Thymianblättchen Salz gemahlener schwarzer Pfeffer einige frische Kerbelzweige	Knoblauch, Schalotten und die gehackten Walnüsse zu den Scampi geben und mitbraten. Tomatenwürfel und Thymian hinzufügen und mit Salz und Pfeffer würzen. Alles gut vermischen. Die Zuckerschoten aus der Vinaigrette nehmen, auf dem Salat verteilen und die gebratenen Scampi darauf legen. Mit der restlichen Vinaigrette überziehen und mit dem gewaschenen Kerbel garnieren.

Mein Tipp

Walnussöl wird aus gereiften Walnusskernen gewonnen. Es hat ein stark nussiges Aroma. Leider wird es sehr leicht ranzig. Kaufen Sie deshalb keine größeren Mengen ein, bewahren Sie es kühl und lichtgeschützt auf und verbrauchen Sie es möglichst rasch. Walnussöl sollte übrigens auch nicht zu stark erhitzt werden.
Wenn Ihnen der Walnussölgeschmack in diesem Rezept zu intensiv ist, ersetzen Sie einen Teil davon durch neutrales Öl.

Johann Lafer

$\mathcal{P}$apaya-Frühlingszwiebel-Salat mit gegrilltem Seeteufelsaté

4 Stangen Zitronengras
8 Seeteufelmedaillons à 30 g
Salz
gemahlener schwarzer Pfeffer

Die Zitronengrasstangen spitz zuschneiden. Je 2 Seeteufelmedaillons auf einen Zitronengrasspieß stecken. Die Satés (Spieße) auf einen tiefen Teller legen und mit Salz und Pfeffer würzen.

1 Schalotte
1 Knoblauchzehe
1 Chilischote

Die Schalotte und den Knoblauch schälen und fein würfeln. Den Stielansatz von der Chilischote abschneiden. Den Chili längs halbieren, die Kerne mit einem spitzen Messer herausschaben. Die Schote längs in feine Streifen und diese dann in feine Würfel schneiden.

2 EL Sesamöl
3 EL Limonenöl
2 EL Sojasauce

Aus den Schalotten- und den Knoblauchwürfeln, dem Chili, den beiden Ölsorten und der Sojasauce eine Marinade rühren und über die Seeteufelspieße gießen. Die Spieße mindestens 1 Stunde marinieren, dabei ab und zu wenden.

1 Papaya
1 Bd. Frühlingszwiebeln
½ Chilischote

Die Papaya schälen, entkernen und in Streifen schneiden. Die Frühlingszwiebeln putzen, waschen und in feine Ringe schneiden. Den Stielansatz von der Chilischote abschneiden. Den Chili längs halbieren, die Kerne mit einem spitzen Messer herausschaben. Eine halbe Schote längs in feine Streifen und diese dann in feine Würfel schneiden.

2 EL Weißweinessig
1 EL Sesamöl
1 EL Limonenöl
1 EL Ahornsirup
1 EL gehacktes Koriandergrün
1 Msp. Knoblauchpüree (aus dem Glas)
1 Msp. frisch geriebener Ingwer
Salz, Pfeffer, Zucker

Aus Essig, den beiden Ölsorten, Ahornsirup, Chiliwürfeln, Koriandergrün, Knoblauchpüree und Ingwer eine Vinaigrette rühren. Die Papayastreifen und die Frühlingszwiebeln mit der Vinaigrette marinieren. Den Salat mit Salz, Pfeffer und Zucker abschmecken und auf 4 Tellern anrichten.
In einer heißen Grillpfanne die Fischspieße ohne Fett von beiden Seiten kross anbraten und auf dem Papaya-Frühlingszwiebel-Salat anrichten.

$\mathcal{M}$ein Tipp

Im Handel ist pürierter Knoblauch in kleinen Gläschen erhältlich. Er eignet sich sehr gut zum Verfeinern von Speisen und macht das Schälen und Hacken von Knoblauch überflüssig, wenn es einmal schnell gehen soll. Übrigens können Sie Knoblauchpüree auch selbst zubereiten. Dazu pürieren Sie den geschälten Knoblauch mit der gleichen Menge Olivenöl. Sie können die geschälten Knoblauchzehen auch vor dem Pürieren in ganz wenig Weißwein andünsten und leicht salzen. Allerdings wird der Geschmack dadurch wesentlich milder. Selbst zubereitetes Knoblauchpüree hält sich, mit Öl abgedeckt, im Kühlschrank etwa 10 Tage.

Salat von Semmelknödeln mit Mozzarella und Rucola in Tomatenvinaigrette

braucht Zeit
4 Personen

250 g Toastbrot, entrindet
2 Schalotten
1 Knoblauchzehe
70 g Speck
2 EL (20 g) Butter
110 ml Sahne

Das Toastbrot in Würfel schneiden und in eine große Schüssel geben. Die Schalotten und den Knoblauch schälen und fein hacken. Den Speck würfeln. Die Butter in einer Pfanne erhitzen, Schalotten, Knoblauch und Speck darin andünsten und zu dem Toastbrot geben. Die Sahne erhitzen und ebenfalls hinzufügen.

2 Eier
1 Eigelb
2 EL gehackte Petersilie
Salz, Muskatnuss

Das Brot mit den Eiern, dem Eigelb und der Petersilie gründlich verkneten und mit Salz und Muskat würzen.

Alufolie
Butter zum Einfetten

Ein genügend großes Stück Alufolie gut mit Butter einfetten. Die Brotmasse in einer länglichen Bahn darauf verteilen und einwickeln. Die Alufolie an den Seiten gut zudrehen. Den Knödel in leise kochendem Wasser ohne Deckel 30–40 Minuten garen.

300 g Tomaten aus der Dose
2 Knoblauchzehen
2 EL Balsamessig
1 EL Weißweinessig
Salz, Pfeffer, Zucker
80 ml Olivenöl
3 rote Zwiebeln
2 EL (20 g) Pinienkerne

Inzwischen die Tomaten hacken, die Knoblauchzehen schälen und fein hacken. Tomaten und Knoblauch mit dem Balsamessig und dem Weißweinessig verrühren. Die Vinaigrette mit Salz, Pfeffer und Zucker würzen. Das Olivenöl gründlich damit verrühren. Die roten Zwiebeln schälen, in Streifen schneiden und in die Vinaigrette geben. Die Pinienkerne ohne Fett in einer Pfanne goldbraun rösten und in die Sauce rühren.

100 g Rucola (Rauke)
150 g Mozzarella
Salz
gemahlener schwarzer Pfeffer

Den Rucola putzen, waschen und gut abtropfen lassen. Den Salat auf 4 Teller verteilen. Den Mozzarella in Scheiben schneiden, auf den Salat legen und leicht mit Salz und Pfeffer würzen.
Den Semmelknödel auspacken, in Scheiben schneiden und die Scheiben noch lauwarm auf dem Salat anrichten. Alles mit der Tomatenvinaigrette übergießen.

Warmer Kaninchensalat auf Kartoffelscheiben mit Kräuter-Nuss-Paste

2 Kaninchenkeulen 2 Schalotten 2 Knoblauchzehen 2 EL (20 g) Butter 1 Rosmarinzweig 2 Thymianzweige Salz, schwarzer Pfeffer 100 ml Weißwein 200 ml Kalbsfond	Den Backofen auf 150 °C vorheizen. Die Kaninchenkeulen auslösen und das Fleisch in etwa 1 cm große Würfel schneiden. Die Schalotten und den Knoblauch schälen und grob hacken. Die Butter in einem Topf erhitzen und die Schalotten darin hell anschwitzen. Das Fleisch, Knoblauch, Rosmarin und Thymian hinzufügen und mit Salz und Pfeffer würzen. Mit Weißwein und Kalbsfond aufgießen und zugedeckt im Backofen auf der mittleren Einschubleiste etwa ½ Stunde garen.
50 g gemischte Kräuter (Petersilie, Kerbel, Schnittlauch, ganz wenig Rosmarin und Thymian) 150 ml Walnussöl 30 g gemahlene Mandeln Salz	Für die Kräuter-Nuss-Paste die Kräuter waschen und gut abtropfen lassen. Die Kräuter im Mixer fein pürieren. Das Walnussöl dazugeben und alles im geschlossenen Mixer zu einer glatten Paste aufmixen. Die gemahlenen Mandeln hinzufügen und die Paste mit Salz abschmecken.
4 fest kochende Kartoffeln (am besten Bamberger Hörnchen, dann aber 8 Stück) Salz	Die Kartoffeln waschen und in kochendem Salzwasser etwa 20 Minuten garen. Die Kartoffeln noch lauwarm mit der Schale in dünne Scheiben schneiden und die Scheiben kreisförmig auf 4 Tellern anrichten. Das Kaninchenfleisch aus dem Fond nehmen und in die Mitte der Kartoffelkreise geben.
50 g kalte Butter Salz gemahlener schwarzer Pfeffer	Den Fond durch ein Sieb in einen Topf gießen und mit dem Pürierstab die kalte Butter hineinmixen. Die Sauce mit Salz und Pfeffer abschmecken und das Kaninchenfleisch damit überziehen.
100 g Blattsalate, gewaschen, in mundgerechte Stücke gezupft 2–4 EL alter Balsamessig Salz gemahlener schwarzer Pfeffer	Die Blattsalate ebenfalls auf den Tellern anrichten. Die Kräuter-Nuss-Paste auf die Kartoffelscheiben geben und zum Schluss alles mit ein wenig altem Balsamessig beträufeln. Mit Salz und Pfeffer würzen.

Wurstsalat-Carpaccio mit Schalottenvinaigrette und gerösteten Kartoffelwürfeln

400 g Lyoner Wurst	Die Lyoner Wurst in sehr dünne Scheiben schneiden.
3 EL Rinderbrühe **3 EL Weißweinessig** **Salz** **gemahlener schwarzer Pfeffer** **Zucker** **5 EL Olivenöl** **3 Schalotten** **2 EL Schnittlauchröllchen**	Rinderbrühe, Weißweinessig, Salz, Pfeffer und Zucker gut miteinander verrühren. Das Olivenöl dazugeben und gründlich unterrühren. Die Schalotten schälen und fein würfeln. Die Schalottenwürfel und den Schnittlauch in die Vinaigrette geben.
Salz **gemahlener schwarzer Pfeffer**	4 Teller mit etwas Vinaigrette beträufeln, leicht salzen und pfeffern und die Wurstscheiben so darauf legen, dass jeweils der ganze Teller bedeckt ist.
1 Tomate **2 EL Kürbiskernöl**	Die Tomate über Kreuz einritzen, mit kochendem Wasser überbrühen, abschrecken und die Haut abziehen. Den Stielansatz und die Kerne entfernen und das Fruchtfleisch würfeln. Die Tomatenwürfel in die übrige Vinaigrette geben, gut verrühren und die Wurstscheiben damit überziehen. Mit dem Kürbiskernöl beträufeln.
2 mittelgroße Kartoffeln **4 EL (40 g) Butterschmalz** **Salz** **gemahlener schwarzer Pfeffer**	Die Kartoffeln schälen, waschen und in kleine Würfel schneiden. Das Butterschmalz in einer Pfanne erhitzen, die Kartoffelwürfel darin kross ausbraten und mit Salz und Pfeffer würzen. Die Kartoffeln aus der Pfanne nehmen und auf Küchenkrepp abtropfen lassen.
frischer Kerbel	Die Kartoffelwürfel auf dem Wurstsalatcarpaccio verteilen und mit dem gewaschenen Kerbel garnieren.

Mein Tipp

Bei der Zubereitung einer Vinaigrette kommt es darauf an, dass Salz und Zucker im Essig (und je nach Rezept in der Brühe) ganz aufgelöst sind. Erst zum Schluss wird das Öl mit einem Schneebesen untergeschlagen, sodass die Vinaigrette eine leicht sämige Konsistenz bekommt. Sie können das Öl auch mit dem Pürierstab unterschlagen. Allerdings bekommt die Vinaigrette dann eine helle Farbe. Übrigens, Vinaigrette lässt sich prima auf Vorrat zubereiten. Sie hält sich im Kühlschrank bis zu 4 Tage.

Johann Lafer

*T*empura mit Ananas-Chutney und Ingwersauce

125 g Zucker
250 g Ananas, gewürfelt
4 Schalotten, in Streifen geschnitten
½ TL geriebener Ingwer
4 EL Weißweinessig
etwas Speisestärke zum Binden

Für das Ananas-Chutney den Zucker in einer Pfanne schmelzen lassen, die Ananaswürfel, die Schalottenstreifen und den geriebenen Ingwer dazugeben. Mit dem Weißweinessig ablöschen und etwa 10 Minuten köcheln lassen. Etwas Speisestärke mit wenig kaltem Wasser anrühren, zu den Ananas geben, einmal aufkochen lassen und das Chutney damit binden. Das Chutney auskühlen lassen.

2 EL Erdnussöl
1 TL rote Chilischote, in feinste Würfel geschnitten
2 TL Ingwerwurzel, in feinste Streifen geschnitten

Für die Ingwersauce das Erdnussöl in einer Pfanne erhitzen und Chiliwürfel sowie Ingwerstreifen darin anbraten.

2 EL Honig
100 ml Geflügelbrühe
1 EL Zitronensaft
1 EL Zucker
2 EL helle Sojasauce
etwas Speisestärke zum Binden

Den Honig dazugeben, mit der Geflügelbrühe ablöschen und die Sauce mit Zitronensaft, Zucker und heller Sojasauce abschmecken. Etwas Speisestärke mit wenig kaltem Wasser anrühren, zur Sauce geben, einmal aufkochen lassen und die Ingwersauce damit binden. Die Sauce auskühlen lassen.

2 Eigelb
400 ml eiskaltes Wasser
125 g Mehl
125 g Speisestärke
1 TL Salz

Für den Tempurateig alle Zutaten mit dem Schneebesen verschlagen, bis ein glatter Teig entsteht.

4 Frühlingszwiebeln

Die Frühlingszwiebeln putzen, das dunkle Grün entfernen, am oberen Ende mehrfach der Länge nach einschneiden und in kaltes Wasser legen.

4 Shiitakepilze
4 Wachtelkeulen, enthäutet
4 Riesengarnelen, ausgelöst und entdarmt
4 Lachswürfel, 3 cm groß geschnitten
100 g Mehl
450 g Frittierfett
Salz

Die Frühlingszwiebeln, die Pilze, die Wachtelkeulen, die Riesengarnelen und die Lachswürfel in Mehl wenden, durch den Tempurateig ziehen und nacheinander im heißen Fett knusprig ausbacken. Auf Küchenkrepp abtropfen lassen, salzen und mit dem Ananas-Chutney und der Ingwersauce servieren.

Geflügelleberparfait im Kürbiskernmantel mit in Ahornsirup glasierten Apfelspalten

1 Schalotte
2 EL (20 g) Butter
500 g Geflügelleber
60 ml roter Portwein

Die Schalotte schälen und fein würfeln. Die Butter in einer Pfanne erhitzen und die Geflügelleber darin anbraten. Die Schalottenwürfel hinzufügen und kurz mitbraten. Mit dem Portwein ablöschen und etwas einkochen lassen.

200 ml Sahne
400 g weiche Butter
Salz
gemahlener schwarzer Pfeffer
Pökelsalz (beim Metzger vorbestellen)
Frischhaltefolie

Die Sahne erhitzen. Sahne, die weiche Butter und die gebratene Leber im Mixer pürieren. Mit Salz, Pfeffer und Pökelsalz würzen. Eventuell durch ein Sieb passieren. Das Pökelsalz gibt dem Parfait eine schön rosa Farbe. Eine Terrinenform mit Frischhaltefolie auslegen und die Lebermasse hineinfüllen. Das Parfait für etwa 5 Stunden in den Kühlschrank stellen.

3–4 Äpfel (Boskoop)
3 EL (30 g) Zucker
2 EL (20 g) Butter
1 Sternanis
100 ml Ahornsirup

Die Äpfel vierteln, das Kerngehäuse entfernen und die Viertel in gleichmäßige Spalten schneiden. Den Zucker in einer Pfanne bei mäßiger Hitze schmelzen und hellbraun karamellisieren lassen. Die Apfelspalten, Butter und Sternanis hinzufügen. Den Ahornsirup angießen und die Apfelspalten 2–3 Minuten dünsten.

250 g Kürbiskerne
Salz

Die Kürbiskerne ohne Fett in einer Pfanne goldbraun rösten, salzen und fein hacken. Das Parfait aus der Form stürzen und in den Kürbiskernen wälzen. Das Parfait in Scheiben schneiden und mit den Apfelspalten auf Tellern anrichten.
Dazu passt Feldsalat mit Walnussdressing.

Mein Tipp

Die Butter für das Parfait darf nicht flüssig, muss aber schön weich sein, damit die Lebermasse eine homogene Konsistenz bekommt.
Falls Sie keine Terrinenform zur Verfügung haben, können Sie stattdessen auch eine kleine Kastenform verwenden.
Die Form lässt sich übrigens leichter mit Frischhaltefolie auslegen, wenn Sie sie vorher mit Wasser ausspülen.

Johann Lafer

Kärntner Kasnudeln

250 g Mehl **8–9 Eigelb** **1 Prise Salz** **2 EL Olivenöl** **Frischhaltefolie**	Für den Nudelteig das Mehl sieben und mit den Eigelben, Salz und Öl gut verkneten. Den Teig in Frischhaltefolie verpackt etwa 2 Stunden kalt stellen.
400 g Kartoffeln **Salz**	Für die Füllung die Kartoffeln waschen und in kochendem Salzwasser etwa 20 Minuten garen. Die Kartoffeln pellen, ausdämpfen lassen und noch warm durch die Kartoffelpresse drücken.
1 Zwiebel **4 EL (40 g) Butter** **200 g Magerquark** **Salz** **gemahlener schwarzer Pfeffer** **2 EL gehackter Kerbel** **1 EL fein gehackte Minze**	Die Zwiebel schälen und in kleine Würfel schneiden. Die Butter in einer Pfanne erhitzen und die Zwiebelwürfel darin anbräunen. Die Zwiebeln vom Herd nehmen und etwas abkühlen lassen. Den Quark, die durchgepressten Kartoffeln und die Zwiebeln glatt rühren. Die Kartoffel-Quark-Masse mit Salz und Pfeffer würzen und die Kräuter darunter heben.
Mehl **Frischhaltefolie**	Den Nudelteig zwischen 2 bemehlten Lagen Frischhaltefolie oder mit der Nudelmaschine dünn ausrollen und daraus Kreise (Ø etwa 12 cm) ausstechen. Jeweils 1 EL Füllung in die Mitte der Teigkreise geben und den Teig zu Halbmonden zusammenklappen. Die Ränder gut andrücken und zum Beispiel mit einer Gabel Wellen hineindrücken oder die Ränder „krändeln" (siehe Tipp).
Salz **150 g Butter**	Die Nudeln in leicht kochendem Salzwasser bissfest garen. Inzwischen die Butter erhitzen und leicht bräunen. Die Nudeln abgießen, abtropfen lassen und mit der heißen Butter übergießen. Dazu passen frische Blattsalate.

Mein Tipp

Das „Krändeln" ist eine alte österreichische Technik. Dabei biegt man kleine Partien der Nudelränder mit dem Daumen nach innen und drückt sie gut an. So erhalten die Kasnudeln ihre typische Form, wie man auf dem Foto sieht.

Johann Lafer

Räucherforellenauflauf

1 Zwiebel 30 g Speck 2 EL (20 g) Butter 2 EL (20 g) Mehl 250 ml Milch Salz gemahlener schwarzer Pfeffer	Die Zwiebel schälen und fein würfeln. Den Speck in Würfel schneiden. Die Butter in einer Pfanne erhitzen und Zwiebelwürfel und Speck darin glasig dünsten. Das Mehl dazugeben und hell anschwitzen. Nach und nach die Milch hinzufügen und einmal gut durchkochen. Diese Béchamelsauce mit Salz und Pfeffer kräftig abschmecken und abkühlen lassen.
3 Eigelb 400 g Räucherforellen- filet mit Haut	Die Béchamelsauce mit den Eigelben vermischen. Die Haut von den Forellenfilets abziehen und in sehr feine Streifen schneiden. Das Fischfleisch in Streifen schneiden und in die Ei-Béchamel-Sauce geben.
1 Stange Bleichsellerie Salz 1 EL gehackter Dill	Den Bleichsellerie putzen, waschen und in Scheiben schneiden. Die Selleriescheiben etwa 2 Minuten in kochendem Salzwasser blanchieren, in kaltem Wasser abschrecken und gut abtropfen lassen. Den Sellerie und den Dill zu der Forellenmasse geben.
3 Eiweiß Salz 60 g geriebener Bergkäse 3 EL (30 g) Butter	Den Backofen auf 175 °C vorheizen. Die Eiweiße mit einer Prise Salz zu Schnee schlagen und unter die abgekühlte Forellenmasse heben. Den Käse hinzufügen und vorsichtig untermischen. Eine Auflaufform mit der Butter ausstreichen und die Forellenmasse einfüllen. Die Streifen der Forellenhaut darüber streuen. Den Auflauf etwa 20 Minuten auf der mittleren Einschubleiste backen und sofort servieren.

Mein Tipp

Bei der Zubereitung der Béchamelsauce sollten Sie Folgendes beachten: Das Mehl darf nur hellgelb angeschwitzt werden und die Flüssigkeit zum Angießen sollte warm sein – sonst gibt es Klümpchen. Die Sauce brennt beim Köcheln auch leicht an. Rühren Sie deshalb immer gründlich um. Besonders gut eignet sich ein flacher Schneebesen, mit dem Sie auch an den Topfrändern rühren können; besser noch ein Rührblitz von WMF. Die Sauce muss aber gründlich durchgekocht werden, sonst schmeckt sie nach Mehl.

Johann Lafer

4–6 Personen

Nudel-Schinken-Auflauf

180 g Bandnudeln	Die Nudeln in reichlich kochendem Salzwasser bissfest garen, abgießen und
Salz	mit kaltem Wasser abschrecken. Den Kochschinken in Würfel schneiden.
80 g Kochschinken	Nudeln und Schinken in einer großen Schüssel mischen.

1 Zucchini	Die Zucchini waschen, putzen und in Scheiben schneiden. Die Zucchini-
60 g Brokkoliröschen	scheiben und die Brokkoliröschen in kochendem Salzwasser 2–3 Minuten
Salz	blanchieren, mit kaltem Wasser abschrecken und gut abtropfen lassen.

80 g Champignons	Die Champignons putzen und vierteln. Die Schalotten schälen und fein
2 Schalotten	würfeln. In einer Pfanne das Sonnenblumen- und das Olivenöl stark erhitzen
1 EL Sonnenblumenöl	und die Champignons darin scharf anbraten. Die Schalottenwürfel hinzu-
1 EL Olivenöl	fügen und kurz mitbraten. Champignons, Zucchini und Brokkoli zu den
2 EL gehackte Petersilie	Nudeln geben und alles gut vermischen. Die Petersilie hinzufügen und die
Salz	Nudel-Gemüse-Masse mit Salz und Pfeffer würzen.
gemahlener schwarzer Pfeffer	

3 EL (30 g) Butter	Den Backofen auf 200 °C vorheizen. Eine Auflaufform mit der Butter aus-
3 Eigelb	streichen. Die Eigelbe schaumig schlagen. Eiweiße mit einer Prise Salz zu
2 Eiweiß	Schnee schlagen. Eischnee, Sahne und Eigelbe vorsichtig mischen und vor-
Salz	sichtig unter die Nudel-Gemüse-Masse heben. In die Auflaufform füllen.
2 EL geschlagene Sahne	

60 g geriebener Pecorino	Den Auflauf mit dem geriebenen Pecorino bestreuen und auf der mittleren
	Einschubleiste etwa 20 Minuten backen. Den Nudel-Schinken-Auflauf heiß
	servieren.
	Dazu passen Blattsalate.

Mein Tipp

Pecorino ist ein italienischer Schafmilchkäse, der jung recht mild schmeckt und mit zunehmendem Alter pikanter wird. Sollten Sie keinen Pecorino bekommen, können Sie stattdessen auch Parmesan oder Grana Padano verwenden. Übrigens, gekaufter geriebener Käse verdirbt leicht, wenn die Packung einmal geöffnet wurde. Kaufen Sie deshalb den Käse besser am Stück und reiben Sie ihn frisch.

Johann Lafer

Reibekuchen mit Matjestatar

200 g Matjesfilets ohne Gräten
1 Tomate
1 Schalotte
1 Essiggurke

Für das Matjestatar die Matjesfilets etwa 15 Minuten in kaltes Wasser legen. Inzwischen die Tomate über Kreuz einritzen, mit kochendem Wasser überbrühen, abschrecken und die Haut abziehen. Den Stielansatz und die Kerne entfernen und das Fruchtfleisch würfeln. Die Schalotte schälen und fein würfeln. Die Essiggurke in kleine Würfel schneiden.

1 TL Schnittlauchröllchen
Saft von ½ Zitrone
3–4 EL Olivenöl
Salz
gemahlener schwarzer Pfeffer
3–4 EL Crème fraîche

Die Matjesfilets sorgfältig trockentupfen, in feine Würfel schneiden und in eine Schüssel geben. Die Tomaten-, Schalotten- und Gurkenwürfel sowie den Schnittlauch hinzufügen, alles gut vermengen und mit Zitronensaft, Olivenöl, Salz und Pfeffer würzen. Die Crème fraîche einrühren.

200 g Kartoffeln

Für die Reibekuchen die Kartoffeln schälen, waschen und auf einer Reibe fein reiben. Die Kartoffelraspeln auf Küchenkrepp geben, gut ausdrücken und in eine Schüssel füllen.

1 EL Kartoffelmehl
1 Ei
1 Eigelb
Salz, schwarzer Pfeffer
gemahlene Muskatnuss

Kartoffelmehl, Ei und Eigelb zu den Kartoffeln geben und gut durchrühren. Die Masse mit Salz, Pfeffer und Muskat abschmecken.

100 g Butterschmalz

Das Butterschmalz in einer Pfanne erhitzen. Mit einem Esslöffel die Reibekuchenmasse darin in 4 Portionen verteilen, mit dem Löffel flach drücken und die Reibekuchen auf beiden Seiten knusprig goldgelb backen. Die Reibekuchen auf Küchenkrepp abtropfen lassen, auf Teller geben, das Matjestatar darauf verteilen und sofort servieren.

Mein Tipp

Als Matjes wird der vor der Geschlechtsreife gefangene grüne Hering bezeichnet. Frischer Matjes ist leicht gesalzen, besonders fett und mild im Geschmack. Fangfrischen Matjes können Sie von April/Mai bis Juni/Juli im Handel bekommen. Sie sollten ihn aber nicht lagern, sondern noch am Einkaufstag verzehren.

Johann Lafer

Marinierte Hähnchenkeule mit Zitronen-Meerrettich-Vinaigrette und Rucola

4 Hähnchenkeulen	Die Hähnchenkeulen waschen und trockentupfen. Die Keulen zwischen Ober- und Unterschenkel durchtrennen. Die Hähnchenkeulen in eine ausreichend große Schüssel legen.
2 kleine Chilischoten	Den Stielansatz von den Chilischoten abschneiden. Den Chili längs halbieren, die Kerne mit einem spitzen Messer herausschaben. Die Schoten längs in feine Streifen und diese dann in feine Würfel schneiden.
etwas frisch gemahlener Knoblauch **4 frische Korianderzweige** **4 EL Sesamöl** **100 ml ungesüßte Kokosmilch** **(aus der Dose)**	Chili, Knoblauch, Koriander, Sesamöl und Kokosmilch verrühren. Über die Hähnchenkeulen geben und alles mindestens 24 Stunden abgedeckt im Kühlschrank durchziehen lassen.
2 rote Paprikaschoten **2 gelbe Paprikaschoten** **1 grüne Paprikaschote** **1 rote Zwiebel** **2 Bd. Rucola (Rauke)**	Den Paprika waschen, vierteln, entkernen, mit einem Sparschäler schälen und in sehr dünne Streifen schneiden. Die rote Zwiebel schälen und in Streifen schneiden. Den Rucola putzen, waschen und gut abtropfen lassen.
2 Schalotten **30 g Ingwerwurzel** **100 ml Olivenöl** **Saft von ½ Zitrone** **1 EL (10 g) frisch geriebener Meerrettich** **Salz** **gemahlener schwarzer Pfeffer**	Für die Vinaigrette die Schalotten schälen und fein würfeln. Den Ingwer schälen und in feine Streifen schneiden. Olivenöl, Zitronensaft und Meerrettich mit dem Pürierstab oder im Mixer fein pürieren. Schalotten und Ingwer dazugeben und die Vinaigrette mit Salz und Pfeffer kräftig abschmecken.
400 ml Frittieröl	Das Frittieröl auf 180 °C erhitzen. Die Hähnchenteile aus der Marinade nehmen, gründlich trockentupfen und im heißen Öl kurz anfrittieren.
2 EL Tomatenketchup **1 EL Honig** **grob gemahlener Chili** **Salz**	Den Backofengrill auf 230 °C vorheizen. Tomatenketchup, Honig und etwas gemahlenen Chili glatt rühren, die Sauce mit Salz abschmecken und die Hähnchenteile gleichmäßig damit bestreichen. Die Hähnchen unter dem Backofengrill 8–10 Minuten garen, herausnehmen und warm stellen.
Salz	Paprika, rote Zwiebel und den Rucola mit einem Teil der Vinaigrette marinieren, mit Salz abschmecken und auf 4 Teller verteilen. Die Hähnchenteile darauf anrichten und mit der restlichen Vinaigrette beträufeln.

*T*om Yan Goong
(Sauer-scharfe Gemüsesuppe mit Garnelen)

3 Kaffir-Limonenblätter
2 Stangen Zitronengras
6 Korianderstiele
800 ml Geflügelbrühe

Die Kaffir-Limonenblätter in grobe Stücke reißen, das Zitronengras zerdrücken und beides mit den Korianderstielen in die Geflügelbrühe geben. Die Brühe zum Kochen bringen, etwa 10 Minuten kochen und anschließend noch 10 Minuten ziehen lassen. Den Fond durch ein Sieb gießen.

8 junge Karotten
12 Zuckerschoten
1 rote Chilischote
1 grüne Chilischote
8 Shiitakepilze
8 Riesengarnelen

Die Karotten waschen, schälen und in etwa 3 cm große Stücke schneiden. Die Zuckerschoten waschen, putzen und ebenfalls in etwa 3 cm große Stücke schneiden. Den Stielansatz von den Chilischoten abschneiden, die Schoten längs halbieren und mit einem spitzen Messer die Kerne herausschaben. Die Shiitakepilze putzen und vierteln. Die Riesengarnelen auslösen, entdarmen und waschen.

12 Thaispargelspitzen

Den Fond wieder erhitzen. Die Karotten in die Suppe geben und 2–3 Minuten kochen lassen. Zuckerschoten, Chili, Shiitakepilze und Thaispargelspitzen hinzufügen und alles etwa 2 Minuten kochen lassen. Die Garnelen zur Suppe geben und noch etwa 8 Minuten ziehen lassen.

Saft von 3 Kaffir-Limonen
½ EL Fischsauce (aus dem Asienladen)
2 EL Sojasauce
Salz
1 EL gehacktes Korianderkraut

Die Suppe mit Limonensaft, Fischsauce, Sojasauce und Salz abschmecken. Den gehackten Koriander über die Suppe streuen und heiß servieren.

Mein Tipp

Verfeinern Sie die Suppe einmal mit 100 g ungesüßter Kokosmilch. Diese zum Schluss dazugeben und alles vorsichtig erwärmen.
Kaffir-Limonen oder Kaffir-Limetten sind Limonen mit dicker, schrumpeliger Haut. Sie haben ein starkes Aroma, enthalten jedoch nur wenig Saft. Die dünn abgeschälte Schale und auch die Blätter werden zur Würze von asiatischen, besonders von thailändischen, Spezialitäten verwendet. Kaffir-Limonen sind in Asienläden erhältlich.
Zitronengras erhalten Sie ebenfalls in Asienläden oder in gut sortierten Gemüsegeschäften. Es sollte vor der Zubereitung immer zerdrückt oder in kleine Stücke geschnitten werden, damit es sein Aroma entfalten kann. Zitronengras hält sich, frisch in Papier gewickelt, im Gemüsefach des Kühlschranks mehrere Wochen.

Johann Lafer

Schaumsuppe
mit Rucolapesto und Jakobsmuscheln

braucht Zeit
4 Personen

5–6 Schalotten 1 Knoblauchzehe 50 g Blattspinat 100 g Rucola (mit Stielen)	Die Schalotten schälen und fein würfeln. Die Knoblauchzehe schälen. Den Blattspinat putzen, gründlich waschen und in wenig Salzwasser etwa 10–20 Sekunden blanchieren und abtropfen lassen. Die Rucolablätter von den Stielen zupfen.
2 EL Olivenöl 100 ml Weißwein 1 l Gemüsebrühe Salz, schwarzer Pfeffer	Das Olivenöl in einem Topf erhitzen und die Schalottenwürfel darin glasig anschwitzen. Mit dem Weißwein ablöschen und einkochen lassen. Mit der Gemüsebrühe auffüllen, die Rucolastiele dazugeben und die Suppe auf die Hälfte einkochen lassen. Die Rucolastiele entfernen. Die Gemüsebrühe mit Salz und Pfeffer würzen.
80–100 ml Olivenöl Salz, schwarzer Pfeffer	Die Rucolablätter mit dem Olivenöl, dem blanchierten Spinat, dem Knoblauch, Salz und Pfeffer im Mixer zu einer Paste pürieren.
300 ml Sahne Cayennepfeffer	Die eingekochte Gemüsebrühe mit der Sahne nochmals aufkochen und mit etwas Cayennepfeffer abschmecken.
100 g Butter 4 EL geschlagene Sahne	Die Gemüse-Sahne-Suppe in den Mixer füllen und nach und nach die Butter untermixen. Dann das Pesto (die pürierte Rucola) und die geschlagene Sahne untermixen.
4 Jakobsmuscheln, ausgebrochen 1 EL Pinienkernöl 1 EL (10 g) Pinienkerne Salz, schwarzer Pfeffer	Die Jakobsmuscheln in Scheiben schneiden und in Teller legen. Das Pinienkernöl darüber träufeln. Die Pinienkerne in einer Pfanne ohne Fett goldbraun rösten, fein hacken und über die Muscheln streuen. Die Muscheln mit Salz und Pfeffer bestreuen.
20 g gehobelter Parmesan	Die heiße Suppe über die Muscheln gießen und mit dem gehobelten Parmesan garnieren.

Mein Tipp

Der Name Jakobs- oder Pilgermuschel ist darauf zurückzuführen, dass Pilger, die zum Grab des Apostels Jakobus im spanischen Santiago de Compostela zogen, die Muschel als Erkennungszeichen trugen.

Das Fleisch der Jakobsmuschel ist zart und leicht süßlich. Ihr orangeroter Corail (Rogen) ist eine besondere Delikatesse.

Zum Öffnen die Muscheln in einem Handtuch mit der flachen Seite nach oben festhalten. Mit einem spitzen, kurzen, kräftigen Messer seitlich zwischen den Schalen den Muskel an der flachen Innenseite durchtrennen und die obere Schale abnehmen. Mit dem Messer am grauen Rand des Fleischs entlang den Muskel rundherum ablösen und den grauen Rand abziehen. Fleisch und Rogen gründlich waschen.

Johann Lafer

Jeden Tag ein Genuss

ALLTAGS-GERICHTE

„Was koche ich bloß heute?"
Diese Frage müssen Sie
sich nicht mehr stellen!
Die modernen Klassiker
und innovativen
Kreationen dieses Kapitels
bringen frischen Wind in
Ihre Alltagsküche.

Forellenrahmsüppchen mit Forellen-Lachs-Tatar und Gurkenspaghetti

2 ganze geräucherte Forellen Die Haut und den Kopf von den Forellen entfernen. Anschließend die Forellen filetieren und die Filets in sehr feine Würfel schneiden. Haut, Kopf und Gräten grob hacken.

1 Zwiebel
½ Stange Lauch
1 Stange Bleichsellerie
1 Knoblauchzehe
Die Zwiebel schälen und fein würfeln. Den Lauch putzen, waschen und in schmale Streifen schneiden. Den Bleichsellerie putzen, waschen und in Würfel schneiden. Den Knoblauch schälen.

1 EL (10 g) Butter Die Butter in einem Topf erhitzen und darin Haut, Kopf und Gräten der Forellen anbraten. Zwiebelwürfel, Gemüse und Knoblauch kurz mitdünsten.

¼ l Weißwein
50 ml Noilly Prat (Wermut)
300 ml Fischfond (aus dem Glas)
1–2 TL gehackter Dill
Den Topfinhalt mit Weißwein und Noilly Prat ablöschen und den Fischfond angießen. Alles aufkochen und den aufsteigenden Schaum abschöpfen. Den Dill hinzufügen und den Fond etwa 20 Minuten köcheln lassen.

60 g Lachsfilet
1 EL Crème fraîche
1 EL gehackter Dill
2 EL Limonenöl
Salz
gemahlener weißer Pfeffer
Inzwischen das Lachsfilet fein würfeln. 50 g von den Forellenfilets mit dem Lachs mischen. Die Crème fraîche und den Dill hinzufügen, alles sorgfältig vermischen und mit Limonenöl, Salz und Pfeffer abschmecken.

200 g Salatgurke
Salz
Die Gurke schälen und mithilfe einer Gemüseschneidemaschine (siehe Seite 160) oder mit einem Messer zu Spaghetti schneiden. Diese ganz leicht salzen und in die Mitte von 4 Suppentellern geben. Das Forellen-Lachs-Tatar auf den Gurkenspaghetti anrichten.

400 ml Sahne
Saft von 1 Zitrone
Salz
gemahlener weißer Pfeffer
120 g kalte Butter
Den Fischfond durch ein Tuch passieren, wieder erhitzen und auf die Hälfte einkochen lassen. Die Sahne hinzufügen und mit Zitronensaft, Salz und Pfeffer abschmecken. Nach und nach die kalte Butter unterziehen und die Suppe damit etwas binden.

2 EL geschlagene Sahne Die restlichen Forellenfilets und die geschlagene Sahne in die Suppe geben und diese im Mixer oder mit dem Pürierstab aufmixen. Die Suppenteller mit der Forellenrahmsuppe auffüllen.

Bohneneintopf mit Birnen, Äpfeln und Kasseler

150 g getrocknete schwarze Bohnen
1 ½ l heller Rinderfond
2 frische Lorbeerblätter
2 Thymianzweige

Die schwarzen Bohnen waschen und in kaltem Wasser 24 Stunden einweichen. Die Bohnen etwa ½ Stunde in kochendem Wasser garen und in ein Sieb abgießen. Den Rinderfond erhitzen und die Bohnen, die Lorbeerblätter und den Thymian hineingeben.

400 g mageres Kasseler (ohne Knochen)
2 große Karotten
6 kleine Kartoffeln
300 g Schnittbohnen

Das Kasseler in grobe Würfel schneiden. Die Karotten und die Kartoffeln schälen, waschen und in Scheiben schneiden. Die Schnittbohnen waschen, putzen und in 2 cm lange Stücke schneiden. Die Karotten- und die Kartoffelscheiben in den Fond geben und etwa 10 Minuten köcheln lassen. Dann das Kasseler und die Schnittbohnen hinzufügen und weitere 10 Minuten kochen lassen.

1 Apfel (z. B. Boskoop)
1 Birne (z. B. Williams)

Den Apfel und die Birne waschen, vierteln und das Kerngehäuse entfernen. Die Früchte in schmale Spalten schneiden, in den Eintopf geben und nochmals etwa 5 Minuten köcheln lassen.

Salz
gemahlener schwarzer Pfeffer
2 EL Weißweinessig
1 Prise Zucker
1 EL frisches Bohnenkraut, gezupft

Die Lorbeerblätter und die Thymianzweige entfernen und den Eintopf mit Salz, Pfeffer, Essig und Zucker abschmecken. Zum Schluss das gezupfte Bohnenkraut dazugeben.
Zu dem Eintopf passen sehr gut Crème fraîche und in Olivenöl mit Knoblauch geröstetes Mischbrot.

Mein Tipp

Hülsenfrüchte sind die eiweißreichsten pflanzlichen Lebensmittel. Sie enthalten viele Ballaststoffe, wertvolle Vitamine und Mineralstoffe, aber kaum Fett. Getrocknete Hülsenfrüchte wie die schwarzen Bohnen lassen sich bis zu 1 Jahr lagern, eignen sich also sehr gut für die Vorratshaltung. Sie müssen vor der Verwendung immer in Wasser eingeweicht werden. Kochen Sie eingeweichte Hülsenfrüchte nicht in Salzwasser, sie werden sonst nicht richtig weich.

Johann Lafer

Kartoffel-Sauerkraut-Suppe mit gebackener Blutwurst

2 Schalotten **1 kleine Stange Lauch** **400 g Kartoffeln** **1 Petersilienwurzel**	Die Schalotten schälen und fein würfeln. Den Lauch putzen und waschen, die Kartoffeln und die Petersilienwurzel schälen und waschen. Das Gemüse und die Kartoffeln würfeln.
3 EL (30 g) Butter **1 l Fleisch- oder Geflügelbrühe**	Die Butter in einem Topf erhitzen und die Schalottenwürfel darin glasig anschwitzen. Das Gemüse und die Kartoffeln dazugeben, mit der Brühe auffüllen und weich kochen.
300 ml Sahne **Salz** **gemahlener schwarzer Pfeffer** **gemahlene Muskatnuss**	Das Gemüse und die Kartoffeln mit dem Pürierstab kurz pürieren und die Sahne dazugießen. Die Suppe etwas einkochen lassen und mit Salz, Pfeffer und Muskat würzen. Die Suppe durch ein Sieb passieren und warm stellen.
180 g frisches Sauerkraut	Das Sauerkraut mit Wasser kurz durchspülen und abtropfen lassen. Das Sauerkraut auf die Suppenteller verteilen.
100 g Toastbrot ohne Rinde (vom Vortag) **½ EL edelsüßes Paprikapulver**	Das Toastbrot auf einer Reibe oder in der Küchenmaschine reiben und mit dem Paprikapulver mischen.
1 Ring Blutwurst (250 g) **2 Eier** **80 g Butterschmalz zum Braten** **Mehl zum Panieren**	Die Blutwurst in 12 Scheiben schneiden. Die Eier verquirlen. Das Butterschmalz in einer Pfanne erhitzen. Die Blutwurstscheiben zuerst durch das Mehl, dann durch die Eier ziehen und mit dem geriebenen Toastbrot panieren. Die panierten Wurstscheiben im heißen Butterschmalz auf beiden Seiten etwa 1 Minute schwimmend backen.
2 EL geschlagene Sahne **2–3 EL gehackter Majoran**	Die geschlagene Sahne in die Kartoffelsuppe geben, mit dem Pürierstab kurz aufmixen und in die Teller füllen. Je 2 Blutwurstscheiben in die Mitte legen und mit dem gehackten Majoran bestreuen.

Mein Tipp

In Deutschland gibt es über 60 Sorten Speisekartoffeln. Man unterscheidet sie nach ihren Kocheigenschaften: fest kochend, vorwiegend fest kochend und mehlig kochend. Für Kartoffelsuppen eignen sich die mehlig kochenden Sorten am besten. Sie haben einen höheren Stärkeanteil und zerfallen beim Kochen leicht. Dadurch wird die Suppe schön sämig und lässt sich besser pürieren als mit fest kochenden Kartoffeln. Die bekanntesten mehlig kochenden Sorten sind Adretta, Likaria, Aula und Bintje.

Johann Lafer

Asiatische Fleischröllchen im Schinkenmantel mit Gewürzreis

¼ **Knoblauchzehe**	Den Knoblauch und die Schalotten schälen und fein hacken. Die Pilze putzen und in kleine Würfel schneiden. Die Zuckerschoten putzen und fein würfeln. Die Paprikaschote waschen, vierteln, von den Kernen befreien, mit einem Sparschäler schälen und fein würfeln.
2 Schalotten	
2 Shiitakepilze	
3 Austernpilze	
8 Zuckerschoten	
½ **rote Paprikaschote**	

2 EL Sesamöl

Das Sesamöl in einer Pfanne erhitzen und Knoblauch und Schalotten darin anschwitzen. Pilze, Zuckerschoten und Paprika dazugeben und mit durchschwenken. Die Pfanne vom Herd nehmen und alles etwas abkühlen lassen.

200 g Schweinehackfleisch
Salz
gemahlener Chili
2 EL süße Chilisauce

Das Hackfleisch mit dem gebratenen Gemüse vermischen und mit Salz, gemahlenem Chili und süßer Chilisauce abschmecken.

30 g frische Korianderblätter
60 ml Olivenöl
2 EL Paniermehl

Die Korianderblätter mit dem Olivenöl im Mixer oder mit dem Pürierstab zu einer Paste mixen. Das Paniermehl damit vermischen.

250 g Basmatireis
3 EL (30 g) Butterschmalz

Den Reis waschen. Das Butterschmalz in einem Topf erhitzen und den gewaschenen Reis darin bei mittlerer Hitze glasig dünsten.

1 TL Kardamom
3 Sternanis
1 Msp. Kurkuma
1 Msp. gemahlene Nelken
1 Zimtstange
gemahlener schwarzer Pfeffer
½ **TL Salz**
ca. 300 ml Wasser

Alle Gewürze und das Salz in das Wasser geben. Das gewürzte Wasser an den Reis gießen. Den Reis einmal aufkochen lassen. Die Herdplatte ausschalten. Den Reis einmal umrühren und zugedeckt auf der Platte 10–15 Minuten quellen lassen, bis er das Wasser vollständig aufgesogen hat.

4 Scheiben Kochschinken,
dünn geschnitten

Inzwischen den Ofen auf 180°C vorheizen. Die Schinkenscheiben dünn mit der Korianderpaste bestreichen. Die Hackfleischmasse rollenförmig auf den Schinkenscheiben verteilen und den Schinken aufrollen.

5 EL Olivenöl
1 EL süße Chilisauce
1 EL gehacktes Korianderkraut

Das Olivenöl in einer Pfanne erhitzen und die Schinken-Hackfleisch-Röllchen darin rundherum anbraten, bis sie Farbe bekommen. Dann im Ofen etwa 6 Minuten weiterbraten.
Die Röllchen mit der Chilisauce überziehen, mit dem gehackten Koriander bestreuen und mit dem Gewürzreis anrichten.

4 Personen

Saltimbocca und mit Mozzarella überbackene Grießgnocchi

500 ml Milch
125 g Polentagrieß

Für die Grießgnocchi die Milch aufkochen, nach und nach unter ständigem Rühren den Polentagrieß einrieseln lassen und zu einem dicken Brei kochen. Den Grieß von der Herdplatte nehmen.

2 Eigelb
100 g frisch geriebener Parmesan
2 ½ EL (25 g) Butter
Salz, Pfeffer, Muskatnuss

Die Eigelbe, den geriebenen Parmesan und die Butter untermischen und den Grieß mit Salz, Pfeffer und Muskat würzen.

Butter für das Blech

Ein Backblech mit Butter einfetten. Die Grießmasse etwa 1 cm dick auf das Backblech streichen und gründlich auskühlen lassen.

8 Scheiben Kalbfleisch aus der Keule, à 80 g
Frischhaltefolie

Die Kalbfleischscheiben zwischen 2 Lagen Frischhaltefolie flach klopfen. So bleibt das Fleisch unbeschädigt.

Salz
gemahlener schwarzer Pfeffer
8 Scheiben Parmaschinken, dünn geschnitten
8 große Salbeiblätter
8 Holzzahnstocher

Die flach geklopften Fleischscheiben mit wenig Salz und Pfeffer würzen, jeweils eine Scheibe Parmaschinken und je ein gewaschenes Salbeiblatt darauf legen. Schinken und Salbeiblatt jeweils mit einem Holzzahnstocher fixieren.

2 EL (20 g) Butter
50 g Mozzarella

Den Backofen auf 250 °C vorheizen. Die Butter schmelzen lassen und eine Auflaufform damit ausstreichen. Den Mozzarella in Scheiben schneiden. Aus der erkalteten Grießmasse mit einem Ausstecher Halbmonde ausstechen. Die Halbmonde in die Auflaufform geben und mit den Mozzarellascheiben belegen. Die Grießgnocchi auf der zweitobersten Einschubleiste in 10 bis 15 Minuten goldgelb überbacken.

2 Schalotten
2 EL Olivenöl
Salz, schwarzer Pfeffer
1 angedrückte Knoblauchzehe

Die Schalotten schälen und fein würfeln. Das Olivenöl in einer Pfanne erhitzen und die Schnitzel mit der Schinkenseite nach unten anbraten. Wenn die Schnitzel schön braun sind, wenden, die Schalotten hinzufügen und mit Salz und Pfeffer würzen. Die angedrückte Knoblauchzehe mitbraten. Die Schnitzel aus der Pfanne nehmen, Zahnstocher entfernen und warm stellen.

100 ml Weißwein
200 ml Kalbsfond
100 ml Sahne
1 EL Zitronenthymian
½ EL gehackte Rosmarinnadeln
Salz, schwarzer Pfeffer
2 EL Tomatenwürfel (enthäutet und entkernt)

Den Schnitzelbratfond mit dem Weißwein ablöschen. Den Wein fast vollständig verkochen lassen, dann den Kalbsfond hinzufügen und auf die Hälfte einkochen lassen. Die Sahne angießen, die Kräuter hinzufügen und alles etwa 5 Minuten köcheln lassen. Die Knoblauchzehe entfernen und die Sauce mit Salz und Pfeffer abschmecken. Die Tomatenwürfel hinzufügen. Die Schnitzel wieder in die Sauce geben und mit den überbackenen Gnocchi anrichten.

Kalbsroulade mit Champignonfüllung

300 g Champignons 4 Schalotten 2 EL (20 g) Butter 3 EL Weißwein	Die Champignons putzen und fein hacken. Die Schalotten schälen und in kleine Würfel schneiden. Die Butter in einer Pfanne erhitzen und die Schalottenwürfel darin glasig anschwitzen. Die Champignons dazugeben und mit dem Weißwein ablöschen. Alles so lange schmoren, bis die Flüssigkeit verdampft ist. Die Pfanne vom Herd nehmen und die Pilze abkühlen lassen.
Salz gemahlener schwarzer Pfeffer 140 g Kalbshackfleisch 1 EL mittelscharfer Senf 1 Ei	Die Pilzmasse mit Salz und Pfeffer würzen und mit dem Hackfleisch, dem Senf und dem Ei gut mischen.
3 Scheiben Toastbrot 3 EL (30 g) Butter 1 Thymianzweig	Das Toastbrot entrinden und in kleine Würfel schneiden. Die Butter in einer Pfanne erhitzen und das Brot darin mit dem Thymian goldbraun ausbraten. Die Brotwürfel auf Küchenkrepp abtropfen lassen und abkühlen lassen.
1 EL (10 g) Pinienkerne 1 EL gehackte Blattpetersilie	Die Pinienkerne in einer Pfanne ohne Fett goldbraun rösten, zusammen mit dem Brot und der Petersilie in die Hackmasse geben und alles gut mischen.
4 Kalbsschnitzel aus der Oberschale, à 150 g Frischhaltefolie Salz gemahlener schwarzer Pfeffer 8 Salbeiblätter 12 Scheiben roher Schinken Holzzahnstocher	Die Kalbsschnitzel zwischen 2 Lagen Frischhaltefolie leicht flach klopfen. Die Füllung darauf verteilen. Die Schnitzel mit Salz und Pfeffer würzen, zusammenrollen und mit Holzzahnstochern fixieren.
2 EL (20 g) Butterschmalz	Den Backofen auf 50 °C vorheizen. Das Butterschmalz in einer Pfanne erhitzen und die Rouladen ringsherum gut anbraten. Die Pfanne zudecken und das Fleisch 8–10 Minuten bei mäßiger Hitze weiterbraten. Das Fleisch aus der Pfanne nehmen, die Zahnstocher entfernen und die Rouladen im Backofen warm stellen.
3 EL Weißwein Saft von ½ Zitrone 150 ml Sahne Salz gemahlener schwarzer Pfeffer 1 EL geschlagene Sahne	Den Bratfond mit dem Weißwein, dem Zitronensaft und der Sahne ablöschen. Den Fond einmal aufkochen lassen und mit Salz und Pfeffer abschmecken. Zum Schluss die geschlagene Sahne dazugeben und mit dem Pürierstab schaumig mixen. Die Rouladen mit der Sauce anrichten. Dazu passen Petersilienkartoffeln und Kopfsalatherzen mit Radieschen.

Gebratenes Rumpsteak mit Knoblauch-Kräuter-Kruste und Bratkartoffeln

600 g fest kochende Kartoffeln (z. B. Cilena oder Sieglinde)
Salz

Die Kartoffeln waschen, in Salzwasser etwa 20 Minuten garen, pellen und in dünne Scheiben schneiden.

120 g altbackenes Toast-brot ohne Rinde
2 Schalotten
4 Knoblauchzehen
100 g zimmerwarme Butter
1 EL fein gehackte Petersilie
1 EL fein gehackter Thymian
1 EL Schnittlauchröllchen

Für die Knoblauch-Kräuter-Kruste das Toastbrot auf einer Reibe oder in der Küchenmaschine fein reiben. Die Schalotten und den Knoblauch schälen und fein hacken. Die Butter schaumig schlagen, geriebenes Toastbrot, Schalotten, Knoblauch und die Kräuter dazugeben und alles glatt rühren. Die Masse in einen Gefrierbeutel füllen und gleichmäßig etwa 5 mm dick flach drücken. Für etwa 3 Stunden in den Kühlschrank legen.

4 Rumpsteaks à 180 g
2 Knoblauchzehen
2 ½ EL (25 g) Butterschmalz
gemahlener schwarzer Pfeffer
3 Thymianzweige
2 Rosmarinzweige
1 Schalotte
Salz

Den Backofen auf 150 °C vorheizen. Die Rumpsteaks etwas flach klopfen. Den Knoblauch schälen. Das Butterschmalz in einer Pfanne erhitzen und die Steaks darin anbraten. Mit Pfeffer würzen und Thymian, Rosmarin, die ungeschälte, halbierte Schalotte und den Knoblauch dazugeben. Die Steaks wenden, salzen und nur kurz braten, bis sie eine schön braune Farbe haben.

Alufolie

Die Steaks auf ein mit Alufolie ausgelegtes Backblech setzen, die angebratenen Gewürze, Schalotte und Knoblauch dazugeben und die Steaks auf der mittleren Einschubleiste etwa 10 Minuten garen.
Von der Knoblauch-Kräuter-Butter die Folie entfernen, die Butter auf die Größe des Steaks zuschneiden und auf die Steaks legen. Die Steaks unter dem Backofengrill so lange braten, bis die Kruste eine goldbraune Farbe bekommt.

5 Schalotten
60 g Dörrfleisch
2 EL (20 g) Butterschmalz
Salz
gemahlener schwarzer Pfeffer
gemahlener Kümmel

Die Schalotten schälen und in Würfel schneiden. Das Dörrfleisch fein würfeln. Das Butterschmalz in einer Pfanne erhitzen und die Kartoffelscheiben darin gut anbraten. Die Dörrfleischwürfel dazugeben und unter regelmäßigem Schwenken anbräunen. Die Schalottenwürfel hinzufügen und mit anbraten. Die Kartoffeln mit Salz, Pfeffer und Kümmel würzen.

1 EL gehackte Petersilie
3 EL (30 g) kalte Butter

Zum Schluss die Petersilie dazugeben, nach und nach die Butter hinzufügen und die Kartoffeln damit glasieren.
Die Steaks auf 4 Tellern anrichten und mit den Bratkartoffeln servieren.

*P*utengeschnetzeltes aus dem Wok

300 g Putenschnitzel aus Keule oder Brust	Das Putenfleisch waschen, trockentupfen und in Streifen schneiden. Den Knoblauch schälen, fein hacken und zum Fleisch geben. Das Fleisch mit Erdnussöl, Sojasauce und Ahornsirup marinieren und mit Pfeffer und Chili würzen. Das Fleisch etwa 1 Stunde durchziehen lassen.

300 g Putenschnitzel aus
Keule oder Brust
1 Knoblauchzehe
1 EL Erdnussöl
2 EL Sojasauce
2–3 EL Ahornsirup
gemahlener schwarzer Pfeffer
gemahlener Chili

Das Putenfleisch waschen, trockentupfen und in Streifen schneiden. Den Knoblauch schälen, fein hacken und zum Fleisch geben. Das Fleisch mit Erdnussöl, Sojasauce und Ahornsirup marinieren und mit Pfeffer und Chili würzen. Das Fleisch etwa 1 Stunde durchziehen lassen.

½ rote Paprikaschote
½ gelbe Paprikaschote
10 Zuckerschoten
50 g kleine Maiskölbchen
50 g Sojasprossen
ein kleines Stück Lauch

Die Paprikaschoten waschen, von den Kernen befreien und in Streifen schneiden. Die Zuckerschoten waschen, putzen und diagonal halbieren. Die Maiskölbchen waschen. Die Sojasprossen waschen und verlesen. Den Lauch putzen, waschen und in schmale Streifen schneiden.

3–4 EL Erdnussöl

Das Erdnussöl im Wok erhitzen. Paprika, Zuckerschoten und Mais darin scharf anbraten. Das Fleisch mit der Marinade dazugeben und 2–3 Minuten mit anbraten. Zuletzt die Sojasprossen und die Lauchstreifen hinzufügen und noch etwa 2 Minuten braten.

2 EL Austernsauce
(aus dem Asienladen)
Saft von 1 Limone
2 EL (20 g) geröstete Erdnüsse
1 EL gehacktes Thai-Basilikum
(aus dem Asienladen)

Das Geschnetzelte mit Austernsauce und Limonensaft würzen. Die Erdnüsse grob hacken. Die Erdnüsse und das Thai-Basilikum unter das Geschnetzelte mischen.

400 g gekochter Reis

Das Putengeschnetzelte mit Reis anrichten.

> ## *Mein Tipp*
> *Putenfleisch (Truthahnfleisch) wird in Deutschland immer beliebter, denn es ist kalorienarm und leicht verdaulich. Da Putenbrust im Ganzen gebraten leicht trocken wird, empfehle ich Ihnen, Fleisch von der Brust zu schnetzeln. Saftig bleiben auch Keulen, wenn sie geschmort werden.*
> *Frisches Geflügel gehört nach dem Einkauf gleich in die kühlste Zone des Kühlschranks. Sie sollten es nicht länger als 3 Tage aufbewahren. Ganz wichtig: Um eine Salmonelleninfektion zu vermeiden, darf rohes Geflügel nicht mit anderen Lebensmitteln in Berührung kommen.*
> *Johann Lafer*

Bierschinken im Kräuterbackteig mit Kartoffelpüree und Zwiebelsauce

200 g rote Zwiebeln 100 g weiße Zwiebeln 4 EL (40 g) Butter 2 EL (20 g) Zucker 2 Thymianzweige	Für die Zwiebelsauce die roten und die weißen Zwiebeln schälen und in Scheiben schneiden. Die Butter in einem Topf erhitzen, den Zucker hinzufügen und hellgelb karamellisieren lassen. Die Zwiebelscheiben dazugeben und anbraten. Die Thymianblättchen von den Stielen zupfen und hinzufügen.
¼ l Rotwein ¼ l Kalbsfond 4 EL Holundersaft 4 EL (40 g) kalte Butter Salz gemahlener schwarzer Pfeffer	Rotwein und Kalbsfond angießen und kräftig einkochen lassen. Zum Schluss den Holundersaft hinzufügen, die kalte Butter einrühren und die Sauce mit Salz und Pfeffer abschmecken. Die Sauce warm halten.
500 g mehlig kochende Kartoffeln (z. B. Bintje) Salz	Für das Püree die Kartoffeln in Salzwasser etwa 20 Minuten garen, pellen, ausdämpfen lassen und noch warm durch die Kartoffelpresse drücken.
¼ l Milch Salz gemahlener schwarzer Pfeffer gemahlene Muskatnuss 4 EL (40 g) Butter 2–3 EL geschlagene Sahne	Den Backofen auf 50 °C vorheizen. Die Milch mit Salz, Pfeffer und Muskat aufkochen und unter die Kartoffeln rühren. Dann die Butter unterrühren. Zum Schluss die geschlagene Sahne unter das Püree ziehen. Das Püree zugedeckt im Backofen warm halten.
1 Knoblauchzehe 70 g Mehl 3 Eigelb 50 ml Weißwein 1 EL gehackte Petersilie 1 EL gehackter Kerbel 1 EL Schnittlauchröllchen Salz, schwarzer Pfeffer	Für den Bierschinken die Knoblauchzehe schälen und fein hacken. Das Mehl sieben und mit den Eigelben, dem Weißwein, den gehackten Kräutern und dem Knoblauch verrühren und mit Salz und Pfeffer würzen.
2 Eiweiß 1 Prise Salz	Die Eiweiße mit dem Salz steif schlagen und unter den Teig heben.
200 g Butterschmalz 600 g Bierschinken, in dicke Scheiben geschnitten 4 EL (40 g) Mehl	Das Butterschmalz in einer Pfanne erhitzen. Die Bierschinkenscheiben erst durch das Mehl, dann durch den Backteig ziehen und im heißen Butterschmalz von beiden Seiten goldgelb ausbacken. Die gebackenen Bierschinkenscheiben mit Püree und Zwiebelsauce zusammen anrichten.

Lammbuletten auf Rahmspitzkohl

2 altbackene Brötchen (vom Vortag) **150 ml Milch**	Die Brötchen in Würfel schneiden. Die Milch erhitzen und die Brötchen darin einweichen.
2 kleine Zwiebeln **2 Knoblauchzehen** **3 EL (30 g) Butter**	Die Zwiebeln und den Knoblauch schälen und fein würfeln. Die Butter in einer Pfanne erhitzen und Zwiebel- und die Knoblauchwürfel darin glasig anschwitzen, vom Herd nehmen und abkühlen lassen.
500 g Lammfleisch, von Haut und Sehnen befreit	Das Lammfleisch abwechselnd mit den eingeweichten Brötchen durch die grobe Scheibe des Fleischwolfs drehen.
2 Eier **2 EL gehackte Blattpetersilie** **1 EL gehackter Thymian** **abgeriebene Schale von** **1 unbehandelten Zitrone** **Salz, schwarzer Pfeffer**	Die gedünsteten Zwiebel- und Knoblauchwürfel sowie die Eier zu dem Hackfleisch geben. Den Bulettenteig mit den Kräutern, der Zitronenschale sowie Salz und Pfeffer würzen und alles gut durchkneten.
700 g Spitzkohl **Salz**	Den Strunk kegelförmig aus dem Kohlkopf herausschneiden und die äußeren Blätter entfernen. Die restlichen Blätter in Salzwasser etwa 2 Minuten blanchieren und in kaltem Wasser abschrecken. Die dicken Blattrippen herausschneiden und die Blätter in Streifen schneiden.
1 Zwiebel **50 g Speck** **1 große Tomate**	Die Zwiebel schälen und fein würfeln. Den Speck in kleine Würfel schneiden. Die Tomate über Kreuz einritzen, mit kochendem Wasser überbrühen, abschrecken und die Haut abziehen. Den Stielansatz und die Kerne entfernen und das Fruchtfleisch würfeln.
50 g Butter **2 TL Mehl** **50 ml weißer Portwein** **200 ml Rinderbrühe** **150 ml Sahne**	Die Butter in einem Topf erhitzen, Zwiebel- und Speckwürfel darin glasig anschwitzen und mit dem Mehl bestäuben. Mit dem Portwein ablöschen und mit Rinderbrühe und Sahne aufgießen.
Salz **gemahlener schwarzer Pfeffer** **gemahlene Muskatnuss** **1 EL geschlagene Sahne**	Die Spitzkohlsauce einmal aufkochen lassen, den Spitzkohl hinzufügen, alles mit Salz, Pfeffer und Muskat würzen und noch etwa 5 Minuten im geschlossenen Topf köcheln lassen. Zum Schluss die geschlagene Sahne und die Tomatenwürfel unterrühren.
80 g Butterschmalz **etwas Kerbel zum Garnieren**	Das Butterschmalz in einer Pfanne erhitzen. Aus dem Bulettenteig mit den Händen Buletten formen und diese, leicht flach gedrückt, in dem heißen Butterschmalz in etwa 4 Minuten pro Seite goldbraun, knusprig braten. Die Buletten auf dem Spitzkohl anrichten, mit etwas Kerbel garnieren und sofort servieren. Wer möchte kann noch etwas dunklen Lammfond dazu reichen.

Gerollter Schweinebraten mit gebratenen Rosmarinkartoffeln

2 mittelgroße Zwiebeln 3 Knoblauchzehen 2 Äpfel	Die Zwiebeln und den Knoblauch schälen. Die Zwiebel fein würfeln, den Knoblauch hacken. Die Äpfel schälen, entkernen und in kleine Würfel schneiden.
3 EL (30 g) Butterschmalz 2 EL Senf Salz gemahlener schwarzer Pfeffer 2 EL gehackte Petersilie 4 EL Semmelbrösel	Das Butterschmalz in einer Pfanne erhitzen, die Zwiebeln darin anbraten, die Äpfel und den Knoblauch hinzugeben und mitbraten. Wenn Zwiebeln und Knoblauch glasig sind, die Pfanne vom Herd nehmen und etwas abkühlen lassen. Den Senf einrühren und die Füllung mit Salz und Pfeffer würzen. Zum Schluss die Petersilie und die Semmelbrösel dazugeben.
1 Schweineschulter (800 g) (vom Metzger für einen Rollbraten vorbereiten lassen) Salz gemahlener schwarzer Pfeffer Kümmel Küchengarn	Die Schweineschulter mit Salz, Pfeffer und Kümmel würzen. ⅔ der Füllung gleichmäßig dünn auf das Fleisch aufstreichen, die Schweineschulter zu einem Rollbraten einrollen und mit Küchengarn binden. Den Braten auf allen Seiten mit Salz und Pfeffer bestreuen.
3 EL (30 g) Butterschmalz 1–2 Thymianzweige 1 Rosmarinzweig ½ l Fleischbrühe	Den Backofen auf 170 °C vorheizen. Das Butterschmalz in einem Bräter erhitzen und den Braten von allen Seiten gut anbraten. Die restliche Füllung und die Kräuter hinzufügen und mit wenig Fleischbrühe aufgießen. Den Braten im Backofen auf der mittleren Einschubleiste offen etwa 1 Stunde braten. Dabei den Braten nach und nach mit der restlichen Fleischbrühe übergießen.
600 g sehr kleine fest kochende Kartoffeln (z. B. Cilena oder Sieglinde) Salz	Für die Rosmarinkartoffeln die Kartoffeln in Salzwasser etwa 20 Minuten garen, pellen und kurz ausdämpfen lassen.
2 kleine Zwiebeln 60 g Dörrfleisch	Die Zwiebeln schälen und fein würfeln. Das Dörrfleisch in kleine Würfel schneiden.
80 ml Öl Salz	Das Öl in einer Pfanne erhitzen und die Kartoffeln gut anbraten. Die Dörrfleischwürfel hinzufügen und unter regelmäßigem Schwenken anbräunen. Die Zwiebelwürfel dazugeben und mit anbraten. Die Kartoffeln mit Salz würzen.
1 EL gehackte Rosmarinnadeln 3 EL (30 g) kalte Butter	Zum Schluss die gehackten Rosmarinnadeln dazugeben, nach und nach die Butter hinzufügen und die Kartoffeln damit glasieren. Das Küchengarn von dem Braten entfernen und das Fleisch aufschneiden. Mit den gebratenen Rosmarinkartoffeln und etwas Bratfond servieren.

Steirisches Wurzelfleisch mit Rahmkren und Kümmelkartoffeln

2 Karotten **¼ Sellerieknolle** **½ Stange Lauch** **2 l Wasser** **½ Knoblauchknolle** **1 Zwiebel** **2 Lorbeerblätter** **3 Wacholderbeeren** **5 weiße Pfefferkörner** **3 Thymianzweige** **4 Petersilienstängel** **Salz**	Die Karotten, den Sellerie und den Lauch putzen, waschen und in grobe Würfel schneiden. Das Wasser mit dem Gemüse zum Kochen bringen, dann die ungeschälte halbe Knoblauchknolle, die ungeschälte Zwiebel und die Kräuter und Gewürze hinzufügen. Die Brühe nicht zu stark salzen.
600 g Schweinenacken, ohne Knochen **600 g Schweinebauch, ohne Knochen**	Das Fleisch in die kochende Brühe geben und offen 1½–2 Stunden köcheln lassen. Dabei immer wieder den aufsteigenden Schaum abschöpfen.
600 g fest kochende Kartoffeln **(z. B. Cilena oder Sieglinde)** **Salz**	Die Kartoffeln schälen, waschen, vierteln und in kochendem Salzwasser etwa 15 Minuten garen.
1 große Karotte **¼ Sellerieknolle** **¼ Stange Lauch** **Salz** **gemahlener weißer Pfeffer**	Die Karotte, den Sellerie und den Lauch putzen, waschen und in feine Streifen schneiden. 700 ml der Fleischbrühe durch ein Sieb in einen Topf gießen und auf die Hälfte einkochen lassen. Die Wurzelstreifen (Gemüsestreifen) 3–4 Minuten darin garen. Den Fond mit Salz und Pfeffer abschmecken.
200 g Schmand oder Crème fraîche **2 ½ EL (25 g) frisch geriebener Meerrettich** **Salz** **gemahlener weißer Pfeffer**	Für den Rahmkren den Schmand oder die Crème fraîche glatt rühren. Den frisch geriebenen Meerrettich damit verrühren. Das Ganze mit Salz und Pfeffer abschmecken.
1 ½ EL (15 g) Butterschmalz **Kümmel** **1 ½ EL (15 g) kalte Butter** **Salz**	Das Butterschmalz in einer Pfanne erhitzen, die Kartoffeln darin kurz anbraten und mit Kümmel würzen. Zum Schluss die Butter hinzufügen und die Kartoffeln damit glasieren. Die Kartoffeln mit Salz würzen.
1 EL gehackte Petersilie	Das Fleisch aus der Brühe nehmen, 10 Minuten zugedeckt ruhen lassen und in etwa 1,5 cm dicke Scheiben schneiden. Die Scheiben mit dem Fond und dem Gemüse in einer Schüssel anrichten. Etwas von dem Rahmkren als Klecks darauf geben und alles mit Petersilie bestreuen. Den restlichen Rahmkren mit den Kümmelkartoffeln getrennt dazureichen.

braucht Zeit
4–6 Personen

Hackfleisch-Kohlrabi-Gratin
mit gemischten Blattsalaten

2–3 Kohlrabi	Die Kohlrabi schälen, halbieren und in etwa 3 mm dicke Scheiben schneiden.
Salz	Die Kohlrabischeiben in kochendem Salzwasser etwa 5 Minuten blanchieren, in kaltem Salzwasser abschrecken und abtropfen lassen.

2 Schalotten	Die Schalotten und den Knoblauch schälen und fein würfeln. Die Pinien-
2 Knoblauchzehen	kerne in einer Pfanne ohne Fett goldbraun rösten. Das Hackfleisch mit den
70 g Pinienkerne	Eiern, dem Paniermehl, der Petersilie, den Schalotten- und Knoblauch-
500 g Rinderhackfleisch	würfeln sowie den Pinienkernen gut vermischen und mit Salz und Pfeffer
2 Eier	würzen.
50 g Paniermehl	
1 EL gehackte Petersilie	
Salz, schwarzer Pfeffer	

Butter für die Form	Den Backofen auf 180 °C vorheizen. Eine Auflaufform mit Butter ausstrei- chen und abwechselnd Kohlrabischeiben und Hackfleisch dachziegelartig einschichten. Das Gratin auf der mittleren Einschubleiste etwa ½ Stunde backen.

100 g Bergkäse	Für die Käsesauce den Bergkäse klein schneiden. Die Schalotte schälen und
1 Schalotte	fein würfeln. Die Butter in einem Topf erhitzen und die Schalottenwürfel
2 EL (20 g) Butter	darin glasig anschwitzen. Mit dem Weißwein ablöschen, mit der Sahne auf-
4 EL Weißwein	gießen und die Crème fraîche hinzufügen.
⅛ l Sahne	
125 g Crème fraîche	

1 Eigelb	Die Sauce aufkochen lassen, den Käse hinzufügen und schmelzen lassen.
Salz	Den Topf vom Herd nehmen, das Eigelb in die Sauce geben und mit Salz und
gemahlener Chili	Chili würzen. Evtl. den Kerbel einrühren und die Sauce mit dem Pürierstab
evtl. 1 EL gehackter Kerbel	aufmixen.
	Kurz vor Ende der Garzeit das Gratin aus dem Ofen nehmen, mit der Käse- sauce überziehen und weiterbacken, bis der Auflauf schön goldbraun ist.

200 g gemischte Salate	Für die Blattsalate den Salat putzen, waschen und gut abtropfen lassen oder mit einer Salatschleuder trockenschleudern.

50 ml Balsamessig	Den Essig mit dem Salz in einer Schüssel verrühren. Das Rapsöl hinzufügen
Salz	und gründlich unterrühren. Den Salat mit dem Dressing marinieren.
100 ml Rapsöl	

1 EL (10 g) Walnusskerne	Die Walnusskerne hacken und den Salat damit bestreuen.

Kartoffelwaffeln
mit Frühlingszwiebel-Schinken-Ragout

250 g mehlig kochende Kartoffeln (z. B. Bintje) **Salz**	Die Kartoffeln waschen, in kochendem Salzwasser etwa 20 Minuten garen, pellen und noch warm durch die Kartoffelpresse drücken.
Salz **gemahlener schwarzer Pfeffer** **4 EL (40 g) Butter** **2 EL Sahne** **2 EL (20 g) Hartweizengrieß** **2 EL Magerquark** **100 g Mehl** **4 Eier** **gemahlene Muskatnuss**	Die Kartoffeln mit Salz und Pfeffer würzen. Die Butter schmelzen lassen. Die flüssige Butter, die Sahne, den Hartweizengrieß und den Quark zu den Kartoffeln geben und gut verrühren. Das Mehl, die Eier und etwas Muskat hinzufügen und alles zu einem glatten Teig verarbeiten. Den Teig etwa ½ Stunde ruhen lassen.
200 g Frühlingszwiebeln **Salz**	Inzwischen die Frühlingszwiebeln putzen, waschen und in etwa 2 cm lange Stücke schneiden. Die Frühlingszwiebelstücke etwa 1 Minute in kochendem Salzwasser blanchieren, in kaltem Salzwasser abschrecken und gut abtropfen lassen.
2 Schalotten **2 EL (20 g) Butterschmalz** **200 ml Sahne** **100 ml Gemüsebrühe** **Salz** **gemahlener schwarzer Pfeffer**	Die Schalotten schälen und fein würfeln. Das Butterschmalz in einem Topf erhitzen und die Schalottenwürfel darin anbraten. Mit der Sahne und der Gemüsebrühe aufgießen. Die Sauce um etwa ein Drittel einkochen lassen und mit Salz und Pfeffer würzen.
150 g Kochschinken **3 kleine Tomaten** **Salz** **grob geschroteter schwarzer Pfeffer** **1 EL gehackte Petersilie**	Den Kochschinken in Würfel schneiden. Die Tomaten über Kreuz einritzen, mit kochendem Wasser überbrühen, abschrecken und die Haut abziehen. Die Tomaten vierteln, den Stielansatz und die Kerne entfernen. Die Frühlingszwiebeln, den Kochschinken und die Tomatenviertel in die Sauce geben, mit Salz und Pfeffer abschmecken und die Petersilie hinzufügen. Das Ragout kurz erhitzen. Den Backofen auf 50 °C vorheizen.
etwas Rucola (Rauke) **Fett zum Ausbacken** **Salz** **Öl für das Waffeleisen**	Den Rucola kurz in heißem Fett frittieren, aus dem Fett nehmen und salzen. Ein beschichtetes Waffeleisen vorheizen und eventuell mit wenig Öl auspinseln. Aus dem Kartoffelteig darin ca. 6 goldbraune Waffeln backen. Fertig gebackene Waffeln im Backofen warm halten. Die Waffeln halbieren. Die Hälfte des frittierten Rucolas und des Lauch-Schinken-Ragouts auf 4 Waffelstücke verteilen. Jeweils mit 1 Waffelstück abdecken. Den restlichen Rucola und das restliche Ragout darauf geben und mit den restlichen Waffelstücken bedecken. Heiß servieren.

4 Personen

Überbackene Kräuter-Ricotta-Gnocchi mit Paprikacreme

500 g mehlig kochende Kartoffeln (z. B. Bintje)
Salz
gemahlene Muskatnuss

Die Kartoffeln etwa 20 Minuten in kochendem Salzwasser garen, pellen und ausdämpfen lassen. Die Kartoffeln noch warm durch die Kartoffelpresse drücken, abkühlen lassen und mit Salz und Muskat würzen.

2 Eigelb
1 EL (10 g) Speisestärke
50 g Hartweizengrieß
130 g Mehl
100 g Ricotta
3 Thymianzweige
½ EL fein gehackte Rosmarinnadeln
1 EL gehackter Dill
2 EL gehackte Petersilie
gemahlener schwarzer Pfeffer

Eigelbe, Hartweizengrieß, Speisestärke und das Mehl zu den Kartoffeln geben. Den Ricotta durch ein feines Sieb streichen und ebenfalls hinzufügen. Die Blättchen von den Thymianzweigen zupfen und fein hacken. Thymian, Rosmarin, Dill und Petersilie zu den Kartoffeln geben, alles zu einem glatten Teig verkneten und mit Pfeffer würzen.

etwas Mehl
Salz

Den Kartoffelteig auf einer bemehlten Arbeitsfläche zu langen, ungefähr 2 cm dicken Rollen formen. Etwa 2 cm lange Stücke abschneiden, zu ovalen Fladen formen und mit den Zinken einer Gabel das typische Gnocchimuster darauf drücken. Die Gnocchi in leise kochendem Salzwasser offen etwa 8 Minuten garen, herausnehmen, wenn sie oben schwimmen, und mit kaltem Wasser abschrecken.

2 rote Paprikaschoten
1 Zwiebel
4 EL Olivenöl

Die Paprikaschoten waschen, von den Kernen befreien und fein würfeln. Die Zwiebel schälen und in feine Würfel schneiden. Das Olivenöl in einem Topf erhitzen und den Paprika und die Zwiebel darin andünsten.

1 Knoblauchzehe
gemahlener Chili
Salz
150 ml Sahne

Den Knoblauch schälen und zu dem Paprika pressen. Den Paprika mit Chili und Salz würzen, wenig Wasser hinzugeben und den Paprika im geschlossenen Topf in etwa 5 Minuten gar dünsten. Die Sahne dazugeben, den Paprika mit dem Pürierstab aufmixen und durch ein Sieb streichen.

1 Thymianzweig
100 g Bergkäse
50 g Butter
Salz
gemahlener schwarzer Pfeffer

Den Backofengrill vorheizen. Die Blättchen von dem Thymianzweig zupfen. Den Bergkäse reiben. Die Butter in einer Pfanne erhitzen und die Gnocchi kurz darin schwenken. Die Gnocchi mit Salz, Pfeffer und den Thymianblättchen würzen, in eine Auflaufform geben und mit dem Bergkäse bestreuen. Die Gnocchi unter dem Backofengrill in 5–8 Minuten goldgelb überbacken und mit der Paprikacreme servieren.
Sie können die Gnocchi auch gleich auf feuerfeste Teller geben und so portionsweise im Ofen überbacken.

Semmelknödel mit Pfifferlingen à la crème

200 g altbackene Brötchen (vom Vortag)
100 ml Milch
50 g Sahne
Salz
gemahlener schwarzer Pfeffer

Die Brötchen in Würfel schneiden und in eine Schüssel geben. Die Milch mit der Sahne zum Kochen bringen und über die Brötchen gießen. Die Brötchenmasse mit Salz und Pfeffer würzen.

1 EL gehackte Petersilie
2 Eier
gemahlene Muskatnuss

Die Petersilie und die Eier zu den Brötchen geben, vorsichtig unterkneten und die Masse mit Muskat würzen.

60 g magerer Tiroler Bauchspeck
1 kleine Zwiebel
3 EL (30 g) Butter

Den Bauchspeck in Würfel schneiden. Die Zwiebel schälen und fein würfeln. Die Butter in einer Pfanne erhitzen und den Bauchspeck und die Zwiebelwürfel darin anschwitzen. Die Pfanne vom Herd nehmen, Bauchspeck und Zwiebeln etwas abkühlen lassen, zu den Brötchen geben und alles vorsichtig vermischen. Die Masse 1 Stunde ruhen lassen.

Salz

Aus der Brötchenmasse 4–5 cm große Knödel formen und in kochendes Salzwasser geben. Das Wasser einmal aufkochen lassen und die Knödel dann noch 10–15 Minuten ziehen lassen.

600 g Pfifferlinge

Die Pfifferlinge putzen (nicht waschen, sondern nur abreiben oder mit einem Messer den Schmutz entfernen).

1 Gemüsezwiebel
1 Knoblauchzehe
2 EL (20 g) Butter
Salz
gemahlener schwarzer Pfeffer

Die Gemüsezwiebel und den Knoblauch schälen und fein würfeln. Die Butter in einer Pfanne erhitzen. Die Pfifferlinge darin anbraten, die Zwiebel- und die Knoblauchwürfel hinzufügen und 1–2 Minuten mitbraten. Die Pilze mit Salz und Pfeffer würzen.

100 ml Sahne
100 ml Fleischbrühe
1 EL (10 g) Speisestärke
Salz
gemahlener schwarzer Pfeffer

Die Sahne und die Fleischbrühe angießen und etwas einkochen lassen. Die Speisestärke mit etwas kaltem Wasser anrühren, zu den Pilzen geben, einmal aufkochen lassen und die Sauce damit binden. Die Pfifferlinge nochmals mit Salz und Pfeffer abschmecken.

2 EL gehackte Blattpetersilie
2 EL geschlagene Sahne
evtl. 4 EL (40 g) Butter

Zum Schluss die gehackte Petersilie und die geschlagene Sahne in die Pilzsauce geben und heiß mit den Semmelknödeln servieren. Wer möchte, schwenkt die Knödel vorher noch kurz in 40 g Butter.

Ravioli mit Steinpilz-Spinat-Füllung

150 g Mehl **1 Ei** **2 Eigelb** **1 Prise Salz** **2 EL Olivenöl** **Frischhaltefolie**	Für den Nudelteig das Mehl, das Ei, die Eigelbe, Salz und Olivenöl zu einem glatten Teig verkneten. Den Teig in Frischhaltefolie wickeln und 1 Stunde ruhen lassen.
250 g Blattspinat **Salz**	Für die Füllung den Spinat putzen, gründlich waschen und in kochendem Salzwasser etwa 1 Minute blanchieren. Den Spinat mit kaltem Wasser abschrecken, gut ausdrücken und fein hacken.
125 g Pfifferlinge **125 g Steinpilze** **1 Knoblauchzehe** **2 Schalotten** **3 EL (30 g) Butter**	Die Pfifferlinge und die Steinpilze putzen (nicht waschen, sondern nur abreiben oder mit einem Messer den Schmutz entfernen) und fein würfeln. Die Knoblauchzehe und die Schalotten schälen und in feine Würfel schneiden. Die Butter in einer Pfanne erhitzen und Pilze, Knoblauch- und Schalottenwürfel darin anschwitzen. Die Pfanne vom Herd nehmen und die Pilze abkühlen lassen.
160 g Ricotta **4 EL (40 g) frisch geriebener Parmesan** **1 Eigelb** **Salz, Pfeffer, Muskatnuss**	Den Ricotta in einem Tuch gut ausdrücken und mit dem Spinat und der Pilzmischung sowie dem Parmesan und dem Eigelb vermischen. Die Masse mit Salz, Pfeffer und Muskat würzen und in einen Spritzbeutel mit Lochtülle füllen.
Mehl **Frischhaltefolie**	Den Nudelteig zwischen 2 bemehlten Lagen Frischhaltefolie oder mit der Nudelmaschine dünn ausrollen und in 2 Streifen von 14 cm Breite schneiden. Auf einen der Streifen in genügend großem Abstand Kränze aus der Spinat-Pilz-Masse spritzen. Die Kränze sollen einen Durchmesser von 5–6 cm haben.
8 Eigelb **Salz, schwarzer Pfeffer** **1 Eiweiß**	In die Mitte eines jeden Kranzes vorsichtig 1 Eigelb setzen, salzen und pfeffern. Das Eiweiß verquirlen und die Teigränder damit bepinseln.
Salz	Aus dem zweiten Teigstreifen Quadrate mit 14 cm Kantenlänge schneiden und jeweils ein Teigblatt auf jeden Spinat-Pilz-Kranz legen. Die Ränder rundherum gut festdrücken und mit einem gezackten Ausstecher (Ø 11 cm) 8 Ravioli ausstechen. Die Ravioli in leise kochendem Salzwasser 8–10 Minuten garen, herausnehmen und abtropfen lassen.
100 g Butter **1 EL gehackte Petersilie** **1 EL Schnittlauchröllchen** **1 EL gehackter Thymian** **1 Msp. abgeriebene Schale von** **1 unbehandelten Zitrone** **Salz, schwarzer Pfeffer**	Für die Kräuterbutter die Butter in einer Pfanne aufschäumen lassen, die gehackten Kräuter und die Zitronenschale hinzufügen und mit Salz und Pfeffer würzen. Die Ravioli mit der Kräuterbutter beträufeln und heiß servieren.

Schinken-Kraut-Fleckerl mit Spiegelei

200 g »Fleckerl-Nudeln«
(Schmetterlingsnudeln)
Salz
etwas Öl

Die Nudeln in reichlich kochendem Salzwasser bissfest garen, abgießen, mit kaltem Wasser abschrecken und mit Öl beträufeln, damit sie nicht zusammenkleben.

500 g Weißkraut
Salz

Den Weißkrautkopf vierteln und den Strunk herausschneiden. Das Weißkraut in etwa 2 cm große Stücke schneiden, etwa 3 Minuten in kochendem Salzwasser blanchieren, in Eiswasser abschrecken und gut abtropfen lassen.

3 Schalotten
3 Knoblauchzehen
150 g Kochschinken-
scheiben (3–5 mm dick)
3 EL (30 g) Butter
50 g Zucker
Salz
gemahlener schwarzer Pfeffer
gemahlener Kümmel
1 EL gehackte Petersilie

Die Schalotten und den Knoblauch schälen und fein würfeln. Den Kochschinken in etwa 2 cm große Würfel schneiden. Die Butter in einer Pfanne erhitzen und den Zucker darin schmelzen lassen. Die Schalotten-, die Knoblauchwürfel und den Kochschinken hinzufügen und etwa 5 Minuten braten. Das blanchierte Weißkraut dazugeben und etwa 5 Minuten mitbraten. Schließlich die Nudeln hinzufügen, alles mit Salz, Pfeffer und Kümmel würzen und die gehackte Petersilie untermischen.

2 EL (20 g) Butterschmalz
etwas Öl für die Ringe
4 Eier

Das Butterschmalz in einer Pfanne erhitzen. 4 Ringe (8 cm ø) mit Öl einpinseln und hineinlegen. Die Eier in die Ringe aufschlagen und zu Spiegeleiern braten.
Die Schinken-Kraut-Fleckerl auf 4 Tellern anrichten und mit je einem Spiegelei servieren.

Mein Tipp

Statt der Schmetterlingsnudeln können Sie auch andere Sorten verwenden, beispielsweise in Stücke gebrochene sehr breite Bandnudeln. Oder Sie bereiten aus 180 g Mehl, 80 g Hartweizengrieß, 7 Eigelben, 1 TL Öl und 1 Prise Salz einen Nudelteig, lassen ihn eingewickelt etwa 1 Stunde ruhen, rollen ihn zwischen 2 bemehlten Lagen Frischhaltefolie oder mit einer Nudelmaschine dünn aus und schneiden ihn zu kleinen Rechtecken (Fleckerln).

Johann Lafer

Gebackener Seelachs in Speckbröseln mit Kartoffel-Gurken-Salat

600 g Seelachsfilet (ohne Haut und Gräten)
Salz
gemahlener schwarzer Pfeffer
Saft von ½ Zitrone

Den Fisch waschen, trockentupfen und in 4 gleich große Stücke schneiden. Den Fisch mit Salz, Pfeffer und Zitronensaft würzen.

6 Scheiben dünn geschnittener Bauchspeck (ca. 70 g)
2 Schalotten
1 EL (10 g) Butterschmalz
1 EL gehackte Blattpetersilie
150 g Paniermehl

Den Bauchspeck in feine Würfel schneiden. Die Schalotten schälen und fein würfeln. Das Butterschmalz in einer Pfanne erhitzen und den Bauchspeck und die Schalotten darin anbraten. Bauchspeck und Schalotten auf Küchenkrepp abtropfen und abkühlen lassen und dann mit der Petersilie und dem Paniermehl vermischen.

700 g fest kochende Kartoffeln (z. B. Cilena oder Sieglinde)
½ TL gemahlener Kümmel
Salz

Die Kartoffeln waschen und in mit Kümmel gewürztem Salzwasser etwa 20 Minuten garen. Die Kartoffeln pellen, in Scheiben schneiden und abdecken, damit sie warm bleiben.

3 Stangen Bleichsellerie
¼ Salatgurke

Den Bleichsellerie putzen und waschen. Die Salatgurke waschen, schälen, der Länge nach halbieren und die Kerne herausschaben. Bleichsellerie und Gurke in feine Scheiben schneiden.

1 kleine Zwiebel
200 ml Kalbs- oder Geflügelfond
3–4 EL Weißweinessig

Die Zwiebel schälen und fein würfeln. Den Kalbsfond mit den Zwiebelwürfeln aufkochen, den Essig hinzufügen und die Brühe über die Kartoffeln gießen. Die Kartoffeln vorsichtig durchrühren.

1 EL Mayonnaise
Salz
gemahlener schwarzer Pfeffer
2 EL gehackte Blattpetersilie

Den Bleichsellerie und die Gurke zu den Kartoffeln geben. Die Mayonnaise hinzufügen und alles vorsichtig vermengen. Den Salat mit Salz und Pfeffer würzen und die Petersilie darüber streuen.

2 Eier
1 EL mittelscharfer Senf
50 g Mehl

Die Eier gut mit den Senf verquirlen. Den Fisch erst in Mehl wenden, dann durch die Eier ziehen und mit den Speckbröseln panieren.

4 EL Sonnenblumenöl
4 EL Olivenöl

Das Sonnenblumen- und das Olivenöl in einer Pfanne erhitzen und die panierten Seelachsfilets darin in etwa 3 Minuten pro Seite goldbraun backen.

etwas frischer Meerrettich

Den Kartoffel-Gurken-Salat mit den Seelachsfilets auf 4 Tellern anrichten. Etwas frischen Meerrettich darüber hobeln.

Was Feines
zum Verwöhnen

RAFFINIERTE
SPEISEN

Es muss nicht immer
Kaviar sein!
Knackfrische Zutaten,
aromatische Gewürze
und eine innovative
Kombination aus beidem
genügen oft schon,
um Ihre Gäste zu
begeistern. Die richtigen
Rezepte dafür finden
Sie in diesem Kapitel.

braucht Zeit
4 Personen

$\mathcal{M}$it Mozzarella und Basilikum gefüllte Kalbsschnitzel auf Rucolarisotto

1 Schalotte
1 Knoblauchzehe
2 EL Olivenöl
200 g Risottoreis (z. B. Arborio oder Carnaroli)
200 ml Geflügelbrühe
100 ml Weißwein
Salz
gemahlener schwarzer Pfeffer

Für den Risotto die Schalotte und den Knoblauch schälen. Die Schalotte fein würfeln. Das Olivenöl in einem Topf erhitzen, die Schalottenwürfel darin anschwitzen und den Knoblauch dazupressen. Den Reis hinzufügen und mit andünsten. Mit der Geflügelbrühe und dem Weißwein aufgießen und mit Salz und Pfeffer würzen.
Den Reis im geschlossenen Topf unter mehrmaligem Rühren etwa 6 Minuten köcheln lassen, vom Herd nehmen und noch ungefähr 8 Minuten ziehen lassen. Den Reis dann auf ein Backblech streichen und auskühlen lassen.

4 Kalbsschnitzel aus der Oberschale, à ca. 170 g
Frischhaltefolie
Salz
gemahlener schwarzer Pfeffer

Die Kalbsschnitzel zwischen 2 Lagen Frischhaltefolie flach klopfen. Die Schnitzel mit Salz und Pfeffer würzen.

100 g Mozzarella
4 Scheiben Parmaschinken
8 Basilikumblätter
Holzzahnstocher

Den Mozzarella in Scheiben schneiden. Jedes Schnitzel mit 1 Scheibe Parmaschinken belegen. Darauf den Mozzarella und die Basilikumbätter verteilen und den Schinken nach innen einklappen. Das Fleisch zusammenklappen und mit einem Holzzahnstocher verschließen.

200 ml Geflügelbrühe
Salz
gemahlener schwarzer Pfeffer
4 EL (40 g) frisch geriebener Parmesan
50 g Butter
2 EL geschlagene Sahne

Die Geflügelbrühe aufkochen, den ausgekühlten Reis dazugeben und mit Salz und Pfeffer würzen. Den Parmesan und die Butter hinzufügen und das Risotto damit binden. Die Sahne vorsichtig unterheben.

100 g Rucola (Rauke)

Den Rucola putzen, waschen und klein schneiden. Den geschnittenen Rucola kurz vor dem Servieren zu dem Risotto geben.

2 Eier
1 EL Sahne
100 g Mehl
200 g Paniermehl

Die Eier mit der Sahne verquirlen. Das Fleisch zuerst in Mehl wenden, dann durch das Ei ziehen und in dem Paniermehl wenden. Mit einem breiten Messer die Schnitzel an den Rändern etwas in Form klopfen.

2 EL (20 g) Butterschmalz

Das Butterschmalz in einer Pfanne erhitzen und die Schnitzel darin in 2–3 Minuten pro Seite goldgelb backen. Die Kalbsschnitzel mit dem Rucolarisotto servieren.

Gebratenes Rinderfilet mit Madeirasauce und Kartoffel-Zucchini-Gratin

braucht Zeit
4 Personen

200 g Kartoffeln 200 g Zucchini	Die Kartoffeln schälen, waschen und in etwa 3 mm dicke Scheiben schneiden. Die Zucchini putzen, waschen und ebenfalls in etwa 3 mm dicke Scheiben schneiden.
2 EL (20 g) Butter Salz gemahlener schwarzer Pfeffer	Eine Auflaufform mit der Butter ausfetten. Abwechselnd Kartoffel- und Zucchinischeiben dachziegelartig einschichten und mit Salz und Pfeffer würzen.
200 ml Sahne 200 ml Milch Salz gemahlener schwarzer Pfeffer gemahlene Muskatnuss	Den Backofen auf 200 °C vorheizen. Sahne und Milch in einem Topf auf die Hälfte einkochen lassen und mit Salz, Pfeffer und Muskat würzen. Die Sahnemilch über die Kartoffel- und Zucchinischeiben gießen, bis sie leicht bedeckt sind.
1 EL (10 g) frisch geriebener Parmesan	Das Gratin mit dem Parmesan bestreuen und auf der mittleren Einschubleiste etwa 20 Minuten überbacken.
Alufolie	Das Gratin aus dem Ofen nehmen und mit Alufolie abdecken. Die Backofentemperatur auf 150 °C reduzieren.
4 Rinderfiletsteaks à 180 g Salz gemahlener schwarzer Pfeffer 3 EL (30 g) Butterschmalz	Die Rinderfiletsteaks auf beiden Seiten mit Salz und Pfeffer würzen. Das Butterschmalz in einer Pfanne erhitzen, die Filets darin auf beiden Seiten gut anbraten, bis sie eine schöne braune Farbe haben.
3 Rosmarinzweige 1 Thymianzweig 2 Knoblauchzehen Alufolie	Das Fleisch, die Kräuter und die leicht angedrückten Knoblauchzehen auf ein mit Alufolie ausgelegtes Backblech legen und auf der zweituntersten Einschubleiste 12–15 Minuten braten.
2–3 Schalotten 150 ml Madeira 250 ml Rinderfond	Inzwischen die Schalotten schälen und fein würfeln. Die Schalottenwürfel zu dem Bratansatz in die Pfanne geben, gut anschwitzen, mit Madeira ablöschen und mit dem Rinderfond aufgießen. Die Sauce auf ein Drittel einkochen lassen. Das Kartoffel-Zucchini-Gratin zum Wärmen wieder in den Ofen stellen.
3 EL (30 g) kalte Butter Salz gemahlener schwarzer Pfeffer	Die eingekochte Sauce durch ein feines Sieb passieren. Nach und nach die kalte Butter einrühren und die Sauce damit binden. Die Sauce nochmals mit Salz und Pfeffer abschmecken. Die Rinderfiletsteaks mit der Madeirasauce und dem Kartoffel-Zucchini-Gratin anrichten.

Lamm-Medaillons im Wirsingmantel mit Basilikumgnocchi

2 Schalotten **30 g Speck** **2 EL (20 g) Butterschmalz** **300 g Lammhackfleisch** **1 Ei, Salz, gemahlener Chili** **½ EL gehackte Rosmarinnadeln**	Die Schalotten schälen und fein würfeln. Den Speck in feine Würfel schneiden. Das Butterschmalz in einer Pfanne erhitzen, Schalotten- und Speckwürfel darin anbraten, etwas abkühlen lassen und zu dem Lammhackfleisch geben. Das Ei hinzufügen und das Hackfleisch mit Salz, Chili und Rosmarin würzen.
4 große Wirsingblätter **Salz**	Die Wirsingblätter waschen und die Stiele entfernen. Den Wirsing kurz in Salzwasser blanchieren, abschrecken und abtropfen lassen.
2 Knoblauchzehen **4 Medaillons vom Lammfilet à 80 g** **Salz** **gemahlener schwarzer Pfeffer**	Die Knoblauchzehen schälen und fein hacken. Die Lamm-Medaillons etwas flach klopfen und mit Salz, Pfeffer und gehacktem Knoblauch würzen. Ein Wirsingblatt in eine Schöpfkelle drücken, 1 EL von der Hackmasse darauf verteilen und 1 Lamm-Medaillon hineinsetzen. Etwas Hackfleisch darauf geben und das überhängende Wirsingblatt darauf drücken. Mit den weiteren Medaillons ebenso verfahren.
500 g mehlig kochende Kartoffeln (z. B. Bintje) **Salz**	Die Kartoffeln waschen, in kochendem Salzwasser etwa 20 Minuten garen, pellen und etwas ausdämpfen lassen. Die Kartoffeln noch warm durch die Kartoffelpresse drücken und abkühlen lassen.
100 g Basilikumblätter **150 ml Olivenöl**	Inzwischen das Basilikumpesto zubereiten. Dazu die Basilikumblätter waschen und trockentupfen. Das Basilikum zusammen mit dem Olivenöl in einem Mixer pürieren. 4–5 EL fürs Rezept beiseite legen. Den Rest mit etwas Öl abgedeckt kühl stellen. Das Pesto hält sich dort etwa 1 Woche.
120 g Mehl **2 Eigelb** **50 g Hartweizengrieß** **1 EL (10 g) Speisestärke**	Mehl, Eigelbe, Hartweizengrieß, Speisestärke und 2–3 EL Basilikumpesto zu den Kartoffeln geben und alles zu einem glatten Teig verkneten. Den Kartoffelteig zu langen, ungefähr 2 cm dicken Rollen formen. Etwa 2 cm lange Stücke abschneiden, zu ovalen Fladen formen und mit den Zinken einer Gabel das typische Gnocchimuster darauf drücken.
2 EL Olivenöl **2 Thymianzweige** **1 Lorbeerblatt** **300 ml Lammfond (aus dem Glas)**	Das Olivenöl in einem Bräter erhitzen und die Wirsingpäckchen darin anbraten, die Kräuter dazugeben und mit dem Lammfond aufgießen. Den Bräter verschließen und die Lamm-Medaillons bei milder Hitze 15–20 Minuten garen.
Salz **1 Knoblauchzehe** **2 EL Olivenöl**	Die Gnocchi in leise kochendem Salzwasser offen etwa 8 Minuten garen, herausnehmen, wenn sie oben schwimmen, und in Eiswasser abschrecken. Den Knoblauch schälen und fein hacken. Das Olivenöl in einer Pfanne erhitzen und die Gnocchi und den Knoblauch darin schwenken. Die Gnocchi mit Salz würzen. Zusammen mit den Lamm-Medaillons und etwas Bratenfond servieren. Mit 2 EL Pesto beträufeln.

Euro-asiatisch gebackenes Kalbsschnitzel mit Gemüsenudeln

braucht Zeit
4 Personen

25 g Mu-Err-Pilze
150 g feine Nudeln, Salz

Die Mu-Err-Pilze 1 Stunde in lauwarmem Wasser einweichen. Die Nudeln in Salzwasser bissfest garen, abschrecken und abtropfen lassen.

½ rote Paprikaschote
½ grüne Paprikaschote
50 g Pak-Choi
100 g Chinakohl
100 g Sojasprossen
2 in Öl eingelegte Knoblauchzehen

Den Paprika waschen, vierteln, vom Kerngehäuse befreien, mit einem Sparschäler schälen und in Streifen schneiden. Den Pak-Choi und den China-kohl putzen und in feine Streifen schneiden. Die Sojasprossen verlesen, waschen und gut abtropfen lassen. Den eingelegten Knoblauch durch die Knoblauchpresse drücken.

4 Kalbsschnitzel aus der Oberschale, à 170 g
Frischhaltefolie
Salz, schwarzer Pfeffer

Die Kalbsschnitzel zwischen 2 Lagen Frischhaltefolie flach klopfen. Die Schnitzel mit Salz und Pfeffer würzen.

20 g geschälte Mandeln
¼ Chilischote
60 g frische Weißbrotbrösel
1 EL gehacktes Koriandergrün
25 g geröstete weiße und schwarze Sesamkörner
Salz

Die Mandeln hacken. Den Stielansatz von der Chilischote abschneiden. Den Chili der Länge nach halbieren, von den Kernen befreien und fein würfeln. Aus Weißbrotbröseln, Mandeln, Chili, Koriander und Sesam eine Panade herstellen und leicht salzen.

4 EL Sesamöl
1 EL feingehackter Ingwer
2 TL Austernsauce (aus dem Asienladen)
2 TL süße Chilisauce
1 Msp. Kurkuma
1 Msp. Curry
2 EL Thailändische Fischsauce (aus dem Asienladen)
1 EL gehacktes Koriandergrün

Das Sesamöl in einem Wok erhitzen, die geputzten Gemüse und die Soja-sprossen dazugeben und kurz rösten. Die Pilze, die Nudeln, den Knoblauch und den Ingwer hinzufügen und alles gut verrühren. Die Gemüsenudeln mit Austernsauce, Chilisauce, Kurkuma und Curry würzen. Dann mit der Thailändischen Fischsauce abschmecken und den gehackten Koriander unterheben.

2 Eier
60 g Mehl
100 g Butter
100 ml Sesamöl
Koriandergrün zum Garnieren

Die Eier verquirlen. Die Schnitzel zuerst in Mehl wenden, dann durch das Ei ziehen und in der Panade wenden. Die Butter und das Sesamöl in einer Pfanne erhitzen und die Schnitzel darin in 3–4 Minuten pro Seite goldbraun backen. Die Schnitzel auf Küchenkrepp abtropfen lassen und mit den Gemüsenudeln servieren. Mit Koriandergrün garnieren.

Gespickte Lammstelzen mit Bohnenpüree und Thymianhollandaise

300 g weiße Bohnen	Die Bohnen über Nacht in Wasser einweichen.
4 Lammstelzen **4 Knoblauchzehen** **4 Rosmarinzweige** **Salz** **gemahlener schwarzer Pfeffer**	Am nächsten Tag die Lammstelzen waschen, trockentupfen und von grobem Fett befreien. Die Knoblauchzehen schälen und halbieren. Das Fleisch mit einem spitzen Messer mehrmals einstechen und jeweils mit 2 halben Rosmarinzweigen und 2 halben Knoblauchzehen spicken. Das Fleisch mit Salz und Pfeffer würzen.
2 Knoblauchzehen **1 EL Sonnenblumenöl** **2 EL Olivenöl** **4 Schalotten** **2 Rosmarinzweige** **2 Thymianzweige**	Den Backofen auf 140 °C vorheizen. Den Knoblauch schälen. Das Sonnenblumen- und das Olivenöl in einem Bräter erhitzen und die Lammstelzen darin scharf anbraten. Die halbierten, geschälten Schalotten, die Knoblauchzehen, Rosmarin und Thymian dazugeben und mitrösten.
¾ l heller Lammfond (aus dem Glas) **¼ l Weißwein**	Den Lammfond und den Weißwein angießen und die Lammstelzen auf der mittleren Einschubleiste zugedeckt etwa 1½ Stunden schmoren. Dabei ab und zu mit dem Fond beschöpfen. Die Lammstelzen herausnehmen, Knoblauch und Rosmarin entfernen und das Fleisch zugedeckt warm stellen. Den Fond durch ein feines Sieb passieren, auf ein Drittel einkochen lassen, entfetten und abkühlen lassen.
2 Knoblauchzehen **gemahlener schwarzer Pfeffer** **1 Thymianzweig** **1 Scheibe Dörrfleisch (50 g)** **Saft und abgeriebene Schale von** **1 unbehandelten Zitrone** **Salz**	Inzwischen das Bohnenpüree zubereiten. Den Knoblauch schälen und fein hacken. Die über Nacht eingeweichten Bohnen im Einweichwasser mit Pfeffer, Thymian, dem gehackten Knoblauch, dem Dörrfleisch, Zitronensaft und Zitronenschale in 30–40 Minuten weich kochen. Die Kochbrühe abgießen, Thymian und Dörrfleisch entfernen und die Bohnen mit dem Pürierstab mixen. Die Bohnen mit Salz würzen und durch ein Sieb streichen.
2 EL Olivenöl **2 EL (20 g) Butter** **1 EL gehackte Petersilie** **Salz, schwarzer Pfeffer**	Das Olivenöl, die Butter und die Petersilie dazugeben und verrühren. Die Bohnen mit Salz und Pfeffer abschmecken und warm stellen.
4 Eigelb **80 g zimmerwarme Butter** **Salz** **gemahlener schwarzer Pfeffer** **2 EL gehackter Thymian** **2 EL geschlagene Sahne**	⅛ l vom abgekühlten Lammfond über einem Wasserbad mit den Eigelben schaumig aufschlagen und vom Herd nehmen. Nach und nach die Butter einrühren und die Hollandaise mit Salz und Pfeffer abschmecken. Zum Schluss den Thymian und die geschlagene Sahne einrühren. Die Lammstelzen mit dem Bohnenpüree anrichten und mit der Thymianhollandaise überziehen. Dazu passt Paprikagemüse mit Keniabohnen, Schalotten- und Knoblauchwürfeln sowie Thymianblättchen.

Rinderragout mit Essiggurken, rosa Pfeffer und Limonennudeln

braucht Zeit
6 Personen

750 g rote Zwiebeln
2 Knoblauchzehen
750 g mageres Rindfleisch aus der Keule

Die roten Zwiebeln schälen und fein würfeln. Die Knoblauchzehen schälen. Das Rindfleisch waschen, trockentupfen und in etwa 2 cm große Würfel schneiden.

4 EL (40 g) Butterschmalz
Salz
gemahlener schwarzer Pfeffer

Das Butterschmalz in einem Bräter erhitzen und das Fleisch darin kräftig anbraten. Die Zwiebeln hinzufügen, den Knoblauch dazupressen, kurz mitbraten und alles mit Salz und Pfeffer würzen.

3 frische Lorbeerblätter
2 Thymianzweige
2 Rosmarinzweige
etwas gemahlene Nelken
900 ml kräftiger Rinderfond

Die Kräuter und die Nelken dazugeben, mit dem Rinderfond auffüllen und das Ragout 1 – 1 ½ Stunden langsam schmoren.

200 g ganz feine Bandnudeln
Salz

Die Nudeln in kochendem Salzwasser bissfest garen, mit kaltem Wasser abschrecken und abtropfen lassen.

1 kleine Tomate
1 Schalotte

Die Tomate über Kreuz einritzen, mit kochendem Wasser überbrühen, abschrecken und die Haut abziehen. Den Stielansatz und die Kerne entfernen und das Fruchtfleisch würfeln. Die Schalotte schälen und fein würfeln.

1 EL Sonnenblumenöl
2 EL Limonenolivenöl
Saft und abgeriebene Schale von 1 unbehandelten Limone

Das Sonnenblumen- und das Olivenöl in einer Pfanne erhitzen und die Schalottenwürfel darin anschwitzen. Den Saft und die Schale der Limone sowie die Nudeln dazugeben und alles gut durchschwenken.

2 EL (20 g) Butter
Salz
gemahlener schwarzer Pfeffer
1 EL Estragonblätter

Die Butter hinzufügen und schmelzen lassen. Die Nudeln mit Salz und Pfeffer abschmecken. Zum Schluss die gewaschenen Estragonblätter und die Tomatenwürfel unterrühren.

5 mittelgroße Essiggurken
Salz
gemahlener schwarzer Pfeffer
Zucker
abgeriebene Schale von 1 unbehandelten Zitrone

Die Essiggurken zuerst in Streifen, dann in feine Würfel schneiden und zu dem Fleisch geben. Die Kräuter aus der Sauce nehmen und das Ragout mit Salz, Pfeffer, Zucker und Zitronenschale abschmecken.

1 EL rosa Pfefferkörner
1 EL gehackte Blattpetersilie
2 EL geschlagene Sahne

Die rosa Pfefferkörner etwas zerreiben. Mit der gehackten Petersilie und der geschlagenen Sahne dazugeben. Das Rinderragout mit den Limonennudeln auf 4 Tellern anrichten.

Geschmorte Kalbshaxe mit Spitzkohl und Kümmeljus

braucht Zeit

4 Personen

1 Kalbshaxe mit Knochen (ca. 2,5 kg)
Salz
gemahlener schwarzer Pfeffer
½ Stange Lauch
2 Karotten
¼ Sellerieknolle
1 rote Zwiebel
3 Knoblauchzehe

Die Kalbshaxe waschen, trockentupfen und von den groben Häuten befreien. Das Fleisch mit Salz und Pfeffer würzen. Lauch, Karotten und Sellerie putzen, waschen und grob würfeln. Die Zwiebel und den Knoblauch schälen, die Zwiebel in Würfel schneiden, eine Knoblauchzehe halbieren.

2 EL (20 g) Butterschmalz
¼ l Weißwein
½ l kräftiger Kalbsfond
3 Thymianzweige
2 Lorbeerblätter

Den Backofen auf 150 °C vorheizen. Das Butterschmalz in einem Bräter erhitzen und die Kalbshaxe darin scharf anbraten. Das geschnittene Gemüse, die Zwiebelwürfel und den halbierten Knoblauch hinzufügen und kurz mitrösten. Den Weißwein und den Kalbsfond angießen, Thymian, Lorbeer und die restlichen Knoblauchzehen dazugeben und die Kalbshaxe auf der mittleren Einschubleiste zugedeckt 1½–2 Stunden schmoren. Dabei ab und zu mit dem Fond beschöpfen.

400 g Spitzkohl
150 g Kochschinken
3 Schalotten

Inzwischen den Spitzkohl zubereiten. Den Spitzkohl putzen und den Strunk herausschneiden. Die Spitzkohlblätter in grobe Rauten schneiden. Den Kochschinken in Würfel schneiden. Die Schalotten schälen und fein würfeln.

1 EL Sonnenblumenöl
1 EL Olivenöl
Salz
gemahlener schwarzer Pfeffer
2 EL gehackte Blattpetersilie
2 EL (20 g) Butter

Das Sonnenblumen- und das Olivenöl in einem Topf erhitzen und den Kochschinken und die Schalottenwürfel darin andünsten. Die Spitzkohlrauten dazugeben und etwa 5 Minuten im geschlossenen Topf garen. Das Gemüse mit Salz und Pfeffer abschmecken und zum Schluss die gehackte Petersilie und die Butter unterrühren.

½ EL (5 g) Speisestärke
Salz
gemahlener schwarzer Pfeffer
ca. 1 TL gemahlener Kümmel

Das Fleisch aus dem Ofen nehmen und zugedeckt warm stellen. Den Fond auf die Hälfte einkochen, durch ein feines Sieb passieren und entfetten. Die Speisestärke mit etwas kaltem Wasser anrühren, zum Fond geben, aufkochen lassen und den Fond damit binden. Die Sauce mit Salz, Pfeffer und gemahlenem Kümmel abschmecken.

60 g Pinienkerne

Die Pinienkerne in einer Pfanne ohne Fett goldbraun rösten, in die fertige Sauce gaben und unterrühren.
Die Kalbshaxe entlang des Knochens aufschneiden und den Knochen so herauslösen. Dann das Fleisch quer zur Faser in Scheiben schneiden. Das Fleisch mit dem Spitzkohl anrichten und die Kümmeljus angießen.

Kaninchenbeignets auf Ratatouillegemüse

1 Aubergine	Die Aubergine und die Zucchini waschen, putzen und in Würfel schneiden. Die Zwiebel schälen und würfeln. Die Paprikaschoten waschen, entkernen und in Würfel schneiden. Die Knoblauchzehen schälen und fein würfeln.
1 Zucchini	
1 kleine Zwiebel	
1 rote Paprikaschote	
1 gelbe Paprikaschote	
1 grüne Paprikaschote	
2 Knoblauchzehen	

5 EL Olivenöl — Das Olivenöl in einer Pfanne erhitzen und das Gemüse nacheinander darin anbraten. Den Knoblauch dazugeben und kurz mit anschwitzen.

¼ l Tomatensaft — Den Tomatensaft dazugießen und so lange einkochen lassen, bis die Ratatouille eine sämige Konsistenz hat.

2 Tomaten — Inzwischen die Tomaten über Kreuz einritzen, mit kochendem Wasser überbrühen, abschrecken und die Haut abziehen. Den Stielansatz und die Kerne entfernen und das Fruchtfleisch würfeln.

½ Bd. Basilikum
1 EL Thymianblättchen
Salz
gemahlener schwarzer Pfeffer — Die Basilikumblätter in feine Streifen schneiden und mit den Thymianblättchen und den Tomatenwürfeln in das Gemüse geben. Die Ratatouille mit Salz und Pfeffer abschmecken.

Kaninchenrücken, von Haut und Sehnen befreit, in 12 Würfel à 20 g geschnitten
Salz
gemahlener schwarzer Pfeffer — Die Kaninchenfleischwürfel etwas flach klopfen und mit Salz und Pfeffer würzen.

3 Eigelb
100 ml Weißwein
150 g Mehl
3 Eiweiß
Salz — Die Eigelbe mit dem Weißwein verrühren. Nach und nach das Mehl unterrühren. Die Eiweiße steif schlagen, vorsichtig unter den Teig heben und mit etwas Salz würzen.

Butterschmalz zum Braten
Mehl
evtl. frittierte Basilikumblättchen — Butterschmalz in einer Pfanne erhitzen. Die flach geklopften Kaninchenfleischwürfel in Mehl wenden, überschüssiges Mehl abklopfen und das Fleisch durch den Backteig ziehen. Das Fleisch in dem heißen Butterschmalz schwimmend von beiden Seiten goldgelb und knusprig ausbacken. Das Ratatouillegemüse auf 4 Teller verteilen und die Beignets (ausgebackene Fleischstücke) darauf anrichten. Das Gericht evtl. mit frittierten Basilikumblättchen garnieren.

braucht Zeit

4 Personen

Unter der Haut gefüllte Poularde

200 g Toastbrot 100 ml heiße Milch	Das Toastbrot entrinden und in Würfel schneiden. Die Brotwürfel mit der Milch vermischen und ziehen lassen.
3 Schalotten 3 EL (30 g) Butterschmalz 1 TL gehackte Petersilie 1 TL Schnittlauchröllchen 1 TL gehackter Thymian	Die Schalotten schälen und fein würfeln. Das Butterschmalz in einer Pfanne erhitzen und die Schalottenwürfel darin glasig anschwitzen. Die Kräuter zu den Schalotten geben und kurz mitbraten. Die Pfanne vom Herd nehmen und abkühlen lassen.
3 Eigelb Salz gemahlener schwarzer Pfeffer gemahlene Muskatnuss 2 Eiweiß	Die Eigelbe zu den Brotwürfeln geben und mit Salz, Pfeffer und Muskat würzen. Die Eiweiße steif schlagen. Die Schalotten zu dem Brot geben und gut verrühren. Zum Schluss den Eischnee unterheben. Die Masse in einen Spritzbeutel füllen.
1 Poularde, ca. 1200 g Holzzahnstocher	Den Backofen auf 180 °C vorheizen. Die Poularde waschen und trocken tupfen. Mit den Fingern vorsichtig unter die Haut fahren und sie so vom Fleisch lösen. Dabei darauf achten, dass die Haut keine Risse oder Löcher bekommt, durch die die Füllung austreten könnte. Mit dem Spritzbeutel die Brötchenmasse zwischen Haut und Fleisch drücken und gleichmäßig verteilen. Das offene Ende der Haut mit Holzzahnstochern verschließen.
3 EL Olivenöl 1 TL edelsüßes Paprikapulver Salz gemahlener schwarzer Pfeffer	Das Olivenöl mit dem Paprikapulver, Salz und Pfeffer vermischen und die Poularde damit gut einpinseln. Die Poularde mit der Brust nach oben in einen Bräter legen und auf der mittleren Einschubleiste etwa 20 Minuten braten. Sie dabei öfter mit Öl bestreichen und mit Bratenfond übergießen.
2 Karotten 2 Petersilienwurzeln 4 Schalotten 2 Stangen Sellerie 2 Frühlingszwiebeln 1 EL gehackte Petersilie Salz gemahlener schwarzer Pfeffer	Inzwischen Karotten und Petersilienwurzeln putzen und schälen. Die Schalotten schälen und halbieren. Den Sellerie und die Frühlingszwiebeln putzen und waschen. Dann das Gemüse würfeln und nach den 20 Minuten Garzeit von der Poularde mit in den Bräter legen. Alles Weitere 20 Minuten braten. Die Poularde aus dem Ofen nehmen. Das Gemüse mit der Petersilie mischen und mit Salz sowie Pfeffer würzen. Zur Poularde servieren.

Geschmorte Entenkeulen mit Sherry und Erbsen

4 Entenkeulen **1 Karotte** **¼ Sellerieknolle** **½ Stange Lauch** **2 Knoblauchzehen**	Die Entenkeulen auslösen und das Fleisch in etwa 2 cm große Würfel schneiden. Die Entenknochen klein hacken. Die Karotte, den Sellerie und den Lauch putzen, waschen und grob schneiden. Die Knoblauchzehen ungeschält mit der flachen Seite eines schweren Messers etwas pressen.
2 EL Olivenöl **1 EL Tomatenmark** **¾ l Wasser** **2 Thymianzweige** **1 Rosmarinzweig** **1 Petersilienstängel** **5 weiße Pfefferkörner** **2 Wacholderbeeren** **1 Lorbeerblatt** **½ Zwiebel** **Salz**	Das Olivenöl in einem Topf erhitzen und die Entenknochen darin anrösten. Das Tomatenmark kurz mitrösten, das Gemüse dazugeben und ebenfalls kurz mitrösten. Mit dem Wasser auffüllen, die Gewürze, den Knoblauch und die halbe ungeschälte Zwiebel dazugeben. Alles etwa 40 Minuten offen köcheln lassen und dabei immer wieder den aufsteigenden Schaum abschöpfen. Den Entenfond mit Salz abschmecken und anschließend durch ein feines Sieb passieren.
3 Schalotten **1 Knoblauchzehe** **2 EL (20 g) Butterschmalz** **Salz** **gemahlener schwarzer Pfeffer**	Die Schalotten und den Knoblauch schälen, die Schalotten fein würfeln, den Knoblauch pressen. Das Butterschmalz in einem Topf erhitzen und Schalottenwürfel und Knoblauch darin anschwitzen. Das Entenfleisch hinzufügen, kurz mitbraten und mit Salz und Pfeffer würzen.
100 ml Sherry **350 ml Entenfond**	Den Backofen auf 50 °C vorheizen. Das Entenfleisch mit dem Sherry ablöschen und mit dem Entenfond auffüllen. Alles zugedeckt etwa 20 Minuten köcheln lassen.
100 ml Sahne **50 g kalte Butter**	Das Fleisch mit einer Schaumkelle herausnehmen und zugedeckt im Backofen warm stellen. Die Sahne in die Sauce geben und den Fond sämig einkochen lassen. Die kalte Butter einrühren und die Sauce damit binden.
8 Minzeblätter **70 g TK-Erbsen** **Salz** **gemahlener schwarzer Pfeffer**	Die Minzeblätter waschen, trockentupfen und fein schneiden. Das Fleisch, die Erbsen und die Minze in die heiße Sauce geben und mit Salz und Pfeffer abschmecken.
400 g breite Nudeln **Salz**	Die Nudeln in kochendem Salzwasser bissfest garen, abgießen und auf 4 Tellern anrichten. Das Entenfleisch mit der Sauce darüber geben und heiß servieren.

Gänsebrust mit Schwarzwurzeln in Preiselbeerrahm und Kartoffel-Maronen-Bällchen

braucht Zeit

4 Personen

500 g mehlig kochende Kartoffeln (z. B. Bintje), Salz	Die Kartoffeln in Salzwasser etwa 20 Minuten garen, pellen und etwas ausdämpfen lassen. Die Kartoffeln noch warm durch die Presse drücken.

200 g geschälte Maronen
½ l Milch
2 EL (20 g) Speisestärke
2 Eigelb
Salz, Muskatnuss

Die Milch in einem Topf zum Kochen bringen und die Maronen darin in 10–15 Minuten bissfest garen. Die Maronen herausnehmen, grob hacken und mit den durchgepressten Kartoffeln vermischen.
Die Speisestärke und die Eigelbe unterkneten und die Kartoffel-Maronen-Masse mit Salz und Muskat abschmecken.

2 Gänsebrüste à ca. 300 g (ohne Knochen)
½ Knoblauchzehe

Die Gänsebrüste waschen und trockentupfen. Das Fett auf der Hautseite mit einem scharfen Messer in etwa 5 mm Abstand rautenförmig einschneiden. Den Knoblauch schälen. Den Backofen auf 150 °C vorheizen.

1 EL Öl
Salz, schwarzer Pfeffer
2 Thymianzweige
2 Rosmarinzweige

Das Öl in einer Pfanne erhitzen und die Gänsebrüste mit der Hautseite nach unten schön braun anbraten. Das Fleisch mit Salz und Pfeffer würzen und wenden. Die Kräuter und den Knoblauch dazugeben und mitbraten, bis die Gänsebrüste auch auf der zweiten Seite gebräunt sind.

Alufolie

Die Brüste aus der Pfanne nehmen und auf ein mit Alufolie ausgelegtes Backblech setzen. Das Fleisch auf der mittleren Einschubleiste 20–30 Minuten garen.

400 g Schwarzwurzeln
Saft von 1 Zitrone

Die Schwarzwurzeln schälen (Küchenhandschuhe tragen, der Saft roher Schwarzwurzeln färbt sehr stark). Die Schwarzwurzeln in dünne Scheiben schneiden und in eine Schüssel mit Wasser und Zitronensaft geben, damit sie nicht dunkel werden.

2 EL (20 g) Butterschmalz
200 ml Sahne
100 g Preiselbeeren (aus dem Glas)
2 EL geschlagene Sahne
1 EL gehackte Blattpetersilie
Salz

Das Butterschmalz in einem Topf erhitzen und die Schwarzwurzeln darin etwa 5 Minuten braten. Die Sahne hinzufügen und alles etwa 10 Minuten einkochen lassen. Die Preiselbeeren dazugeben. Zum Schluss die geschlagene Sahne und die Petersilie unterrühren. Die Schwarzwurzeln mit Salz abschmecken und warm stellen.

2 EL (20 g) Butter
2 EL Honig

Die Butter mit dem Honig in einer Pfanne erhitzen. Die Gänsebrüste aus dem Backofen nehmen und in die Pfanne legen. Bei mittlerer Hitze die Gänsebrüste unter mehrmaligem Wenden mit dem Honig glasieren. Das Fleisch 5–8 Minuten zugedeckt ruhen lassen.

2 Eiweiß
100 g weiße und schwarze Sesamkörner
Öl zum Ausbacken

Die Eiweiße verquirlen. Mit einem Eisportionierer kleine Kugeln aus der Kartoffel-Maronen-Masse ausstechen, in dem Eiweiß und in dem Sesam wenden. Die Kartoffel-Maronen-Bällchen im Öl goldbraun ausbacken. Die Gänsebrust in Scheiben schneiden und mit den Schwarzwurzeln und den Kartoffel-Maronen-Bällchen anrichten.

*L*achsschnitte
mit Meerrettichkruste und Lauchgemüse

100 g zimmerwarme Butter **4 Scheiben trockenes Toastbrot**	Die Butter mit dem Handrührgerät gut schaumig schlagen. Das Toastbrot entrinden und auf einer Reibe oder in der Küchenmaschine reiben. Die Brösel zu der Butter geben.
1 EL (10 g) frisch geriebener **Meerrettich** **Salz** **Zucker** **½ EL Thymianblättchen**	Den Meerrettich dazugeben, die Butter mit Salz und einer Prise Zucker würzen und mit den Thymianblättchen verfeinern. Die Meerrettichbutter in einen Gefrierbeutel geben und mit einem Nudelholz gleichmäßig zu einer Platte ausrollen. Die Butter im Kühlschrank wieder fest werden lassen.
2 Stangen Lauch **2 Schalotten**	Die Lauchstangen putzen, der Länge nach halbieren, waschen und gut abtropfen lassen. Den Lauch in gleichmäßige Rauten schneiden. Die Schalotten schälen und fein würfeln.
2 EL (20 g) Butter **Salz** **gemahlener schwarzer Pfeffer** **Zucker** **gemahlene Muskatnuss** **100 ml Sahne**	Die Butter in einer Pfanne erhitzen und die Schalottenwürfel darin hell anschwitzen. Den Lauch dazugeben, gut durchschwenken und mit Salz, Pfeffer, einer Prise Zucker und Muskat würzen. Die Sahne hinzufügen und so lange einkochen lassen, bis das Gemüse eine sämige Konsistenz bekommt und der Lauch noch bissfest ist.
100 g Räucherlachs **1 EL geschlagene Sahne** **1 EL gehackter Dill**	Den Räucherlachs in kleine Würfel schneiden und zu dem Gemüse geben. Zum Schluss die geschlagene Sahne und den gehackten Dill unterrühren. Das Lauchgemüse warm stellen.
600 g Lachsfilet, küchenfertig **Salz** **gemahlener weißer Pfeffer**	Das Lachsfilet waschen, trockentupfen, in 4 gleich große Stücke schneiden und mit Salz und Pfeffer würzen. Den Backofengrill auf 250 °C vorheizen.
1 EL Sonnenblumenöl **1 EL Olivenöl**	Das Sonnenblumen- und das Olivenöl in einer Pfanne erhitzen und den Lachs darin auf beiden Seiten etwa 2 Minuten anbraten. Den Fisch aus der Pfanne nehmen und auf ein mit Alufolie ausgelegtes Backblech setzen. Die Meerrettichkruste aus dem Gefrierbeutel nehmen und mit einem scharfen Messer in 4 gleich große Streifen schneiden. Auf einer Seite die Folie abziehen, die Kruste auf den Lachs legen und dann die andere Seite von der Folie befreien. Den Lachs unter dem Backofengrill 4–5 Minuten überbacken, bis die Kruste schön goldbraun ist.
Dillzweige zum Garnieren	Den überbackenen Lachs mit dem Lauchgemüse auf 4 Tellern anrichten und mit den gewaschenen Dillzweigen garnieren.

Wurzelkarpfen mit gestampften Petersilien-Meerrettich-Kartoffeln

braucht Zeit
4 Personen

2 Karotten, ½ Sellerieknolle ½ Stange Lauch, ½ Zwiebel	Das Gemüse putzen, waschen und in grobe Würfel schneiden. Die Zwiebel schälen und grob würfeln.
2 EL (20 g) Butter 5 Petersilienstängel 100 ml Weißwein ½ l Fischfond (aus dem Glas) 3 EL Weißweinessig 2 Lorbeerblätter 5 weiße Pfefferkörner, Salz	Die Butter in einem Topf erhitzen und das Gemüse, die Zwiebelwürfel und die Petersilienstängel darin andünsten. Mit dem Weißwein ablöschen, mit Fischfond und Essig auffüllen und alles aufkochen lassen. Den Fond mit Lorbeer, Pfefferkörnern und Salz würzen.
1 Karpfen, ausgenommen und geschuppt (700–1000 g)	Die Haut des Karpfens auf beiden Seiten mit einem scharfen Messer einritzen. Den Fisch in den heißen Fond legen und zugedeckt knapp unter dem Siedepunkt 20–25 Minuten ziehen lassen. Den Backofen auf 50 °C vorheizen.
600 g mehlig kochende Kartoffeln (z. B. Bintje) Salz	Die Kartoffeln waschen, in kochendem Salzwasser etwa 20 Minuten garen und pellen.
200 ml Sahne Salz gemahlener schwarzer Pfeffer gemahlene Muskatnuss	Die Sahne in einem Topf etwas einkochen lassen. Die Kartoffeln in grobe Würfel schneiden, zu der Sahne geben und mit einem Kartoffelstampfer grob zerdrücken. Die Kartoffeln mit Salz, Pfeffer und Muskat würzen.
1 große Karotte ½ Sellerieknolle ½ Stange Lauch 3 EL (30 g) Butter	Die Karotte, den Sellerie und den Lauch putzen, waschen und in feine Streifen schneiden. Die Butter in einem Topf erhitzen. Die Wurzelstreifen (Gemüsestreifen) darin anschwitzen und langsam nur so lange braten, dass sie noch Biss haben.
Salz gemahlener weißer Pfeffer Saft von 1 Zitrone	Den Karpfen aus dem Sud nehmen und im Backofen warm stellen. Den Fond durch ein Sieb gießen, auf etwa die Hälfte einkochen lassen und mit Salz, Pfeffer und Zitronensaft abschmecken.
3 EL (30 g) kalte Butter 1 EL (10 g) frisch geriebener Meerrettich 1 EL gehackte Petersilie	Die kalte Butter in den Fond geben und mit dem Pürierstab aufmixen. Die gegarten Wurzelstreifen in die Sauce geben und den Karpfen damit übergießen. Den geriebenen Meerrettich und die Petersilie darüber streuen.
2 EL (20 g) Butter 1 EL (10 g) frisch geriebener Meerrettich 1 EL geschlagene Sahne 1 EL gehackte Petersilie	Die Butter in die Kartoffel-Sahne-Mischung einrühren und zum Schluss den Meerrettich, die geschlagene Sahne und die Petersilie unterheben. Die Kartoffeln mit dem Karpfen und den Wurzelstreifen servieren.

Lachsmaultaschen mit Tomaten-Basilikum-Butter und Feldsalat

200 g Mehl **50 g Hartweizengrieß** **2 EL Öl** **1 Prise Salz** **8 Eigelb** **Frischhaltefolie**	Alle Zutaten zu einem geschmeidigen Nudelteig verkneten. Den Teig in Frischhaltefolie verpackt 1 Stunde ruhen lassen.
Mehl **Frischhaltefolie**	Den Nudelteig zwischen 2 bemehlten Lagen Frischhaltefolie oder mit der Nudelmaschine dünn ausrollen.
4 Stücke Lachsfilet (ohne Haut und Gräten) à 70 g **Salz** **gemahlener schwarzer Pfeffer** **16 – 20 Basilikumblätter**	Die Lachstranchen halbieren, mit Salz und Pfeffer würzen und die Ober- und Unterseite mit Basilikumblättern belegen.
1 Eiweiß	Das Eiweiß verschlagen und den Nudelteig damit bepinseln. Die Lachstranchen mit dem Nudelteig ummanteln und 8 Maultaschen formen. Den Teig an den Rändern fest zusammendrücken.
5 Tomaten **1 Knoblauchzehe** **3 EL (30 g) Pinienkerne** **ca. 100 g Feldsalat**	Die Tomaten über Kreuz einritzen, mit kochendem Wasser überbrühen, abschrecken und die Haut abziehen. Den Stielansatz und die Kerne entfernen und das Fruchtfleisch würfeln. Die Knoblauchzehe schälen und fein hacken. Die Pinienkerne in einer Pfanne ohne Fett goldbraun rösten. Den Feldsalat putzen, waschen und abtropfen lassen.
2 EL Olivenöl **½ Bd. Basilikum** **100 ml Fischfond (aus dem Glas)** **60 g kalte Butter** **Salz** **gemahlener schwarzer Pfeffer** **Zucker**	Das Olivenöl in einer Pfanne erhitzen und die Tomatenwürfel und den Knoblauch darin anschwitzen. Das Basilikum grob hacken und zu den Tomaten geben. Mit Fischfond ablöschen und aufkochen lassen. Die kalte Butter einrühren und die Sauce damit binden. Die Tomaten-Basilikum-Butter mit Salz, Pfeffer und Zucker würzen und die Pinienkerne dazugeben.
Öl für den Dämpfeinsatz	Einen Dämpfeinsatz leicht einölen, damit die Maultaschen nicht festkleben. Die Maultaschen darin zugedeckt etwa 5 Minuten garen. (Sie können die Maultaschen aber auch in kochendem Salzwasser garen.) Den Feldsalat auf 4 Teller verteilen. Die Maultaschen diagonal halbieren und auf dem Feldsalat anrichten. Den Salat und die Maultaschen mit der Tomaten-Basilikum-Butter begießen.

*Für Naschkatzen
und Kuchenfans*

Desserts
UND GEBÄCK

Zart-schmelzendes Parfait,

cremige Mousse und

fruchtig-frisches Gebäck –

wer könnte da widerstehen?

Lassen Sie sich verführen

von den süßen kulinarischen

Verlockungen dieses

Kapitels.

Duett von Vanille- und Schokoladenmousse mit Dörraprikosenragout

200 g Dörraprikosen 50 ml Wasser	Die Dörraprikosen über Nacht in 50 ml Wasser einweichen und zugedeckt ziehen lassen.
1 Blatt Gelatine 1 Ei 2 EL Wasser abgeriebene Schale von ½ unbehandelten Orange 130 g weiße Schokolade 2 EL Vanillelikör (z. B. von Berentzen) 300 ml Sahne	Für die weiße Mousse die Gelatine in kaltem Wasser einweichen. Ei und Wasser über einem heißen Wasserbad zu einer dicklichen Creme aufschlagen, die ausgedrückte Gelatine darin auflösen und die Orangenschale hinzufügen. Die Creme, am besten auf Eiswürfeln, wieder kalt schlagen. Die Schokolade bei milder Hitze schmelzen, noch warm zu der Creme geben und mit dem Vanillelikör unterrühren. Die Sahne steif schlagen und mit einem Schneebesen unterheben. Die Mousse in eine flache Schale geben, glatt streichen und anstocken lassen.
1 Ei 2 EL Wasser 130 g Zartbitterschokolade 2 EL Schokoladenlikör (z. B. von Berentzen) 300 ml Sahne	In der Zwischenzeit für die dunkle Mousse Ei und Wasser über einem heißen Wasserbad zu einer dicklichen Creme aufschlagen und dann, am besten auf Eiswürfeln, wieder kalt schlagen. Die Schokolade bei milder Hitze schmelzen, noch warm zu dem Ei geben und mit dem Schokoladenlikör unterrühren. Die Sahne steif schlagen und mit einem Schneebesen unterheben. Die dunkle Mousse vorsichtig auf die helle geben und glatt streichen.
1 Blatt Gelatine 100 ml Vanillelikör (z. B. von Berentzen)	Für den weißen Likörspiegel die Gelatine in kaltem Wasser einweichen. Den Vanillelikör leicht erwärmen, die ausgedrückte Gelatine darin auflösen und alles leicht abkühlen lassen (der Likörspiegel soll noch dickflüssig sein).
1 Blatt Gelatine 100 ml Schokoladenlikör (z. B. von Berentzen)	Für den dunklen Likörspiegel die Gelatine in kaltem Wasser einweichen. Den Schokoladenlikör leicht erwärmen, die ausgedrückte Gelatine darin auflösen und alles leicht abkühlen lassen. Zuerst den weißen Likörspiegel auf die Mousse gießen, dann mit einem Löffel feine Streifen von dem dunklen Likörspiegel darauf verteilen. Die Saucen mit einem Holzspieß ineinander zu einem Muster verziehen und erkalten lassen.
50 g Zucker 1 EL Honig 200 ml frischer Orangensaft	Den Zucker und den Honig in einem Topf bei milder Hitze schmelzen lassen, mit dem Orangensaft ablöschen und zu einem leicht dickflüssigen Sirup einkochen lassen. Der Zucker muss vollständig aufgelöst sein.
Schale von 1 unbehandelten Orange Saft von 1 Zitrone 4 EL Grenadine (Granatapfelsirup) 50 g frische Himbeeren	Die Orangenschale in feine Streifen schneiden. Orangenschale, Zitronensaft und Grenadine in den Sirup geben und nochmals aufkochen lassen. Den Sirup vom Herd nehmen, die eingelegten Aprikosen samt Marinade dazugeben und durchrühren. Die Himbeeren hinzufügen und das Ragout zu der Mousse servieren.

Gebrannte Spekulatiuscreme mit Zwetschgenkompott

6 Eigelb
110 g Zucker
1 EL Lebkuchen- bzw.
Spekulatiusgewürzpulver
350 ml Milch
350 ml Sahne

Den Backofen auf 120 °C vorheizen. Die Eigelbe mit dem Zucker verrühren. Das Gewürzpulver mit der Milch und der Sahne aufkochen, mit den Eigelben verrühren und über einem heißen Wasserbad so lange rühren, bis die Masse eine leichte Bindung bekommt.

Die Ei-Milch-Masse durch ein Sieb passieren und in feuerfeste Förmchen oder Suppentassen füllen. Diese in die Saftpfanne (Fettpfanne) des Ofens stellen, etwas Wasser in die Saftpfanne geben und die Ei-Milch-Creme im Backofen 40–50 Minuten garen. Die Creme herausnehmen und auskühlen lassen.

300 g Zwetschgen
100 g Zucker
80 ml roter Portwein
50 ml Holundersaft
Saft von ½ Orange
½ TL gemahlener Zimt
1 Msp. gemahlene Nelken

Die Zwetschgen waschen, entsteinen und halbieren. Den Zucker in einem Topf bei mäßiger Hitze hellbraun karamellisieren lassen. Mit Portwein, Holundersaft und Orangensaft aufgießen. Das Zimt- und das Nelkenpulver dazugeben. Alles gut durchrühren und bei milder Hitze leicht sämig einkochen lassen.

Die Zwetschgen hinzufügen und einmal kurz aufkochen lassen. Den Topf vom Herd nehmen und die Zwetschgen gar ziehen lassen.

50–80 g brauner Zucker
kleiner Gasbrenner

Die Oberfläche der Creme sorgfältig und gleichmäßig mit braunem Zucker bestreuen. Den Zucker mit einem kleinen Gasbrenner karamellisieren. Die gebrannte Spekulatiuscreme mit dem Zwetschgenkompott servieren.

Mein Tipp

Frische Zwetschgen gibt es von August bis Mitte Oktober. Sollten Sie keine bekommen, können Sie stattdessen auch Pflaumen verwenden. Diese sind rundlicher und ihr gelbliches, sehr saftiges Fleisch verkocht sehr schnell.

Wenn Sie keine Saftpfanne für Ihren Ofen haben, können Sie die Förmchen auch in eine große Auflaufform stellen, die Sie mit Wasser füllen.

Sollten Sie keinen Gasbrenner, der hauptsächlich in Profiküchen verwendet wird, zur Verfügung haben, können Sie den Zucker auch unter dem heißen Backofengrill karamellisieren. Stellen Sie die Creme aber nur sehr kurz unter den Grill, damit sie nicht verbrennt.

Johann Lafer

$\mathcal{M}$andelcreme mit weißen Schokoladenstücken und geeister Vanillesauce

120 g gehobelte Mandeln **¼ l Milch**	Für die Creme die Mandeln ohne Fett in einer Pfanne goldbraun rösten. 40 g davon zusammen mit der Milch aufkochen und vom Herd nehmen. Die Mandelmilch 2 Stunden ziehen lassen und dann durch ein feines Sieb passieren.
3 Eier **90 g Zucker** **90 g Mehl** **2 EL (20 g) Kakao** **Backpapier**	Für den Biskuit den Backofen auf 180 °C vorheizen. Die Eier mit dem Zucker über einem Wasserbad aufschlagen. Vom Wasserbad nehmen und, am besten mit dem Handrührgerät, wieder kalt schlagen. Das Mehl und den Kakao dazusieben und unterheben. Den Teig auf ein mit Backpapier ausgelegtes Backblech streichen und auf der mittleren Einschubleiste 10 – 15 Minuten backen. Den Teig abkühlen lassen und 4 Teigstücke ausstechen, die dieselbe Grundform haben wie die Förmchen für die Creme.
4 Blatt Gelatine **3 Eigelb** **60 g Zucker**	Die Gelatine in kaltem Wasser einweichen. Die Mandelmilch mit den Eigelben und dem Zucker über einem Wasserbad cremig aufschlagen. Die ausgedrückte Gelatine darin auflösen und die Creme kalt stellen.
150 ml Sahne **1 Eiweiß** **1 EL (10 g) Zucker** **1 Prise Salz** **2 EL Amaretto (Mandellikör)**	Die Sahne steif schlagen. Das Eiweiß mit Zucker und 1 Prise Salz ebenfalls steif schlagen. Sobald die Eiercreme zu stocken beginnt, mit dem Amaretto glatt rühren und die geschlagene Sahne sowie den Eischnee mit einem Schneebesen unterheben.
50 g grob geriebene weiße Schokolade **Frischhaltefolie**	Zuletzt 20 g der restlichen gebräunten Mandeln und die grob geriebene Schokolade unter die Creme heben. Die Creme in 4 Förmchen füllen, mit den ausgestochenen Biskuitböden belegen und mit Frischhaltefolie abgedeckt etwa 2 Stunden kalt stellen.
⅛ l Sahne **⅛ l Milch** **4 EL (40 g) Zucker** **1 Vanilleschote**	Für die Vanillesauce die Sahne, die Milch, den Zucker, das ausgekratzte Vanillemark und die aufgeschlitzte Vanilleschote aufkochen und etwas abkühlen lassen.
3 Eigelb	Die Eigelbe über einem Wasserbad verrühren. Die Vanillemilch durch ein Sieb dazugießen, das Ganze cremig aufschlagen und wieder abkühlen lassen. Die Mandelcreme auf 4 Teller stürzen und mit den restlichen gebräunten Mandeln garnieren.
4 Kugeln Vanilleeis	Das Vanilleeis zur Vanillesauce geben und mit dem Pürierstab aufmixen. Die Mandelcreme sofort mit der geeisten Vanillesauce servieren.

Orangen-Halbgefrorenes mit flambierter Ananas

3 Eigelb **100 g Zucker**	Die Eigelbe mit dem Zucker über einem heißen Wasserbad cremig aufschlagen und anschließend, am besten auf Eiswürfeln, wieder kalt schlagen.
1 P. Bourbon-Vanillezucker **abgeriebene Schale von** **1 unbehandelten Orange** **5 EL Grand Marnier (Orangenlikör)** **350 ml Sahne**	Die Creme mit dem Vanillezucker, der Orangenschale und dem Grand Marnier würzen. Die Sahne halb steif schlagen und mit einem Schneebesen unter die Creme heben.
Frischhaltefolie	Die Creme in 4–6 Förmchen füllen, mit Frischhaltefolie abdecken und mindestens 4 Stunden im Gefriergerät durchfrieren lassen.
1 Ananas	Für die flambierte Ananas den Boden und den Schopf von der Frucht abschneiden. Die Frucht senkrecht hinstellen und die Schale seitlich großzügig herunterschneiden. Die geschälte Ananas halbieren und den Innenstrunk herausschneiden. Das Fruchtfleisch in etwa 5 mm dicke Scheiben schneiden.
2 EL (20 g) Butter **60 g Zucker** **60 ml 54-prozentiger Rum**	Die Butter in einer Pfanne erhitzen und bei mäßiger Hitze den Zucker darin schmelzen lassen. Die Ananasstücke hinzugeben, gründlich durchschwenken und mit dem Zucker glasieren. Den Rum erwärmen, über die Ananas gießen und anzünden.
abgeriebene Schale von 1 Limone **2 EL Orangensaft**	Zum Schluss Limonenschale und Orangensaft zu den Ananasscheiben geben. Das Orangen-Halbgefrorene aus dem Gefriergerät nehmen, auf 4 Teller stürzen und zusammen mit der flambierten Ananas anrichten.

> ## Mein Tipp
>
> *Damit der Alkohol beim Flambieren leicht brennt, sollten Sie ihn vor dem Anzünden anwärmen. Auch das Obst muss warm sein. Am besten verwenden Sie für das Flambieren eine Kupferpfanne. Zum Anzünden eignen sich lange Kaminstreichhölzer besonders gut. Ganz wichtig: Der Alkohol muss vollständig verbrennen, damit die Ananas nicht nach Alkohol, sondern nur nach dem Aroma des Rums schmeckt. Und flambieren Sie niemals unter einer Tischlampe oder unter dem Dunstabzug, die Flamme kann ziemlich hoch schlagen.*
>
> *Johann Lafer*

Kürbiskernparfait mit Heidelbeerkompott

100 g Kürbiskerne
100 g Zucker

Die Kürbiskerne in einer Pfanne ohne Fett rösten. Den Zucker bei mäßiger Hitze in einer Pfanne goldbraun karamellisieren lassen. Die Kürbiskerne dazugeben und nur kurz mit dem Zucker glasieren.

1 EL Öl

Ein Backblech einölen, die Kürbiskerne darauf geben und auskühlen lassen.

3 Eigelb
60 g Puderzucker

Die Eigelbe mit dem Puderzucker über einem heißen Wasserbad cremig aufschlagen und dann, am besten auf Eiswürfeln, wieder kalt schlagen.

400 ml Sahne
2 ½ EL Kürbiskernöl

Den erkalteten Kürbiskernkrokant grob zerstoßen, in der Küchenmaschine fein mahlen und unter die kalt geschlagene Eimasse rühren. Die Sahne steif schlagen. Das Öl und die geschlagene Sahne unter die Eimasse heben.

Frischhaltefolie

Eine Terrinenform mit 1 l Inhalt mit Frischhaltefolie auskleiden. Die Parfaitmasse hineinfüllen und für mindestens 4 Stunden im Gefriergerät durchfrieren lassen.

150 g Zucker
150 ml Johannisbeersaft
1 Zimtstange
½ Sternanis, gemahlen
abgeriebene Schale von
1 unbehandelten Zitrone
Saft von 1 Zitrone

Den Zucker bei mäßiger Hitze in einer Pfanne hellbraun karamellisieren lassen, mit dem Johannisbeersaft ablöschen, Zimtstange, Sternanis, Zitronenschale und Zitronensaft hinzufügen und alles etwa 5 Minuten köcheln lassen.

1 EL (10 g) Speisestärke
400 g Heidelbeeren

Die Speisestärke mit etwas kaltem Wasser anrühren, zu dem Saft geben, einmal aufkochen lassen und den Saft damit binden. Die Heidelbeeren in die Sauce geben, gut verrühren und ziehen lassen.
Das Kürbiskernparfait aus der Form nehmen, in Scheiben schneiden, auf Tellern anrichten und mit dem Heidelbeerkompott servieren.

Mein Tipp

Kürbiskerne, die Kerne des Gartenkürbis, sind reich an ungesättigten Fettsäuren. Kürbiskernöl, eine typisch steirische Spezialität, wird aus gerösteten Kürbiskernen gewonnen. Es ist dunkelgrün und dickflüssig und hat ein starkes Aroma. Wie alle Öle sollten Sie es nicht zu lange und immer kühl unter Lichtabschluss lagern, damit es nicht ranzig wird. Kaufen Sie also keine größeren Mengen auf Vorrat.

Johann Lafer

Abgeflämmtes Winterapfeleisparfait mit gelierten Apfelspalten

1 Apfel **60 ml Winterapfellikör (z. B. von Berentzen)**	Den Apfel schälen, vom Kerngehäuse befreien und in kleine Würfel schneiden. Die Apfelwürfel mit dem Winterapfellikör erhitzen, wieder abkühlen lassen und etwa 1 Stunde ziehen lassen.
60 ml Wasser **60 g Zucker**	Das Wasser mit dem Zucker so lange kochen, bis ein leicht dickflüssiger Sirup entsteht.
3 Eigelb **2 EL Wasser**	Die Eigelbe mit dem Wasser über einem heißen Wasserbad cremig aufschlagen. Den Zuckersirup dazugeben, etwas weiterschlagen und die Creme dann, am besten auf Eiswürfeln, wieder kalt schlagen. Die Apfelwürfel darunter rühren.
1 Eiweiß **50 g Zucker** **220 ml Sahne** **2 EL Winterapfellikör (z. B. von Berentzen)**	Das Eiweiß halb steif schlagen, allmählich den Zucker einrieseln lassen und das Eiweiß völlig steif schlagen. Die Sahne steif schlagen. Den Eischnee, die geschlagene Sahne und den Winterapfellikör mit einem Schneebesen unter die Eigelbmasse heben.
1 dünner Biskuitboden (fertig gekauft) **Frischhaltefolie**	Aus dem Biskuit eine Platte in genau der Größe einer Halbkugelform ausstechen. Die Parfaitmasse in die Halbkugelform füllen, die Biskuitplatte darauf legen und mit Frischhaltefolie abdecken. Das Parfait für mindestens 4 Stunden im Gefriergerät durchfrieren lassen.
3 Äpfel **2 Blatt Gelatine**	Für das Apfelkompott inzwischen die Äpfel schälen, vom Kerngehäuse befreien und in Spalten schneiden. Die Gelatine in kaltem Wasser einweichen.
400 ml Apfelsaft **1 Zimtstange** **ausgekratztes Mark von 1 Vanilleschote** **1 Sternanis** **100 g Zucker**	Den Apfelsaft, die Zimtstange, das Vanillemark, Sternanis und Zucker zum Kochen bringen und 3–5 Minuten einkochen lassen. Die Apfelspalten hinzufügen, 3–4 Minuten garen und vom Herd nehmen. Die Gelatine ausdrücken, zu den Apfelspalten geben und auflösen. Das Apfelkompott kalt stellen.
4 Eiweiß **100 g Zucker**	Den Backofengrill vorheizen. Die Eiweiße halb steif schlagen, allmählich den Zucker einrieseln lassen und die Eiweiße völlig steif schlagen. Den Eischnee in einen Spritzbeutel füllen. Das Parfait aus der Form auf eine feuerfeste Platte stürzen und den Eischnee gleichmäßig aufspritzen.
Puderzucker zum Bestäuben	Das überzogene Parfait unter dem Backofengrill kurz überbacken, bis der Eischnee goldbraun ist. Das überbackene Parfait mit Puderzucker bestäuben und sofort mit dem Apfelkompott servieren.

Kokosschaum auf Gewürzragout von Zitrusfrüchten und Mandelbaiser

40 g gemahlene Mandeln
4 Eiweiß
240 g Zucker

Für das Mandelbaiser die gemahlenen Mandeln in einer Pfanne ohne Fett hellbraun rösten. Die Eiweiße mit der Hälfte des Zuckers halb steif schlagen, den restlichen Zucker einrieseln lassen und so lange weiterschlagen, bis der Eischnee fest ist.

50 g Puderzucker
Backpapier

Den Backofen auf 90 °C vorheizen. Die gerösteten Mandeln und den Puderzucker unter den Eischnee heben und in einen Spritzbeutel füllen. Auf ein mit Backpapier ausgelegtes Backblech kleine Baisers in Form von Löffelbiskuits spritzen.
Die Baisers im Backofen bei leicht geöffneter Tür 2–2½ Stunden trocknen lassen.

3 Blatt Gelatine
350 ml Kokosmilch (aus der Dose)
150 ml Sahne
2 EL Rum
Saft von 1 Zitrone

Für den Kokosschaum die Gelatine in kaltem Wasser einweichen. Die Kokosmilch glatt rühren. Etwa die Hälfte der Sahne erwärmen und die ausgedrückte Gelatine darin auflösen. Die restliche kalte Sahne und die Kokosmilch dazugeben und gut umrühren. Die Kokosmilch-Sahne-Mischung mit Rum und Zitronensaft abschmecken.

1 Sahne-Siphon (Gerät zum Aufschäumen)

Diese Flüssigkeit in einen Sahne-Siphon füllen, diesen gut verschließen und eine Sahnekapsel eindrehen. Alles durchschütteln und den Siphon mindestens 2 Stunden kühl stellen.

130 g Zucker
¼ l Weißwein
120 ml frisch gepresster Orangensaft

Für das Zitrusfrüchteragout den Zucker bei mäßiger Hitze in einem Topf leicht zerlaufen lassen, mit dem Weißwein ablöschen und mit dem Orangensaft aufgießen.

2 Kardamomkapseln, 7 Nelken
3 Sternanis, 2 Zimtstangen
1 Vanilleschote
abgeriebene Schale von
1 unbehandelten Orange
abgeriebene Schale von
1 unbehandelten Zitrone
2 EL (20 g) Speisestärke
2 EL Grand Marnier (Orangenlikör)

Kardamom, Nelken, Sternanis, Zimtstangen, ausgekratztes Vanillemark, Vanilleschote sowie Orangen- und Zitronenschale in den Fond geben und alles etwa 10 Minuten köcheln lassen. Die Gewürze entfernen. Die Speisestärke in wenig Wasser anrühren, in den Fond geben, einmal aufkochen lassen und den Fond damit leicht binden. Den Fond mit dem Grand Marnier abschmecken.

1 Blutorange
2 Orangen
1 Zitrone
2 Limonen
1 Grapefruit

Alle Zitrusfrüchte schälen und filetieren. Die Fruchtfilets mit dem Gewürzfond übergießen und im Kühlschrank 2–3 Stunden marinieren lassen. Das Gewürz-Zitrusfrüchte-Ragout in Gläser verteilen, den nochmals aufgeschüttelten Kokosschaum aufspritzen und mit den Mandelbaisers servieren.

Apfelschmarrn mit Heidelbeeren

2 mürbe Äpfel
Saft von 1 Zitrone
100 g Heidelbeeren

Die Äpfel schälen, vierteln, vom Kerngehäuse befreien und in dünne Scheiben schneiden. Die Apfelscheiben in Wasser mit Zitronensaft legen, damit sie nicht braun werden. Die Heidelbeeren waschen und gut abtropfen lassen.

120 g Mehl
200 ml Milch
1 Prise Salz
1 EL (10 g) Rosinen
abgeriebene Schale von
1 unbehandelten Zitrone
4 Eier

Das Mehl sieben. Milch, Mehl und 1 Prise Salz mit einem Schneebesen glatt rühren. Die Rosinen, die Heidelbeeren und die abgeriebene Zitronenschale in den Teig geben. Die Eier vorsichtig unterrühren.

50 g Butter
50 g Zucker

Die Butter in einer Pfanne erhitzen und die Apfelscheiben darin 2–3 Minuten anbraten. Den Zucker hinzufügen und leicht karamellisieren lassen. Den Teig dazugießen und die Pfanne mit einem Deckel verschließen. Die Äpfel und den Teig bei milder Hitze etwa 10 Minuten backen, dann wenden und etwa 3 Minuten weiterbacken. Den Schmarrn in der Pfanne mit 2 Pfannenwendern in grobe Stücke teilen.

2 EL Apfelschnaps

Kurz vor dem Servieren den Apfelschnaps über den Schmarrn geben. Servieren Sie zum Apfelschmarrn doch einmal das Heidelbeerkompott von Seite 136.

Mein Tipp

Heidelbeeren gibt es in zwei Sorten: Die wild wachsenden, kleinfruchtigen Waldblaubeeren haben ein würziges Aroma und einen intensiv blau färbenden Saft. Die beste Zeit für diese Sorte ist Juni bis September. Die gezüchteten Gartenheidelbeeren wachsen in Plantagen. Sie sind fast kirschgroß, haben weißes Fleisch und sind milder im Geschmack als Waldblaubeeren. Frische Heidelbeeren sind übrigens sehr druckempfindlich. Sie sollten sie deshalb nicht lange lagern.

Johann Lafer

Sticky Reis mit Mango

150 g asiatischer Klebreis	Den Reis etwa 1 Stunde in kaltem Wasser einweichen und anschließend gründlich waschen.
250 ml ungesüßte Kokos-milch (aus der Dose) **⅛ l Wasser** **4 EL (40 g) Zucker** **1 Prise Salz**	Den Reis mit der Koskosmilch, dem Wasser, Zucker und Salz zum Kochen bringen, unter ständigem Rühren etwa 25 Minuten kochen, danach vom Herd nehmen und noch ungefähr 8 Minuten ziehen lassen.
2 Mangos	Die Mango schälen, das Fruchtfleisch vom Stein abschneiden. Aus dem Fruchtfleisch 12 Streifen schneiden. Den Rest klein würfeln.
3 EL (30 g) brauner Zucker **Saft von 1½ Orangen** **dünne Schalenstreifen (Zes-ten) von ½ Limone**	Den Zucker in einer heißen Pfanne karamellisieren und mit dem Orangen-saft ablöschen. Alles einkochen lassen, bis die Flüssigkeit leicht dickflüssig wird. Dann die Mangowürfel und die Limonenzesten daruntermischen. Vom Herd nehmen. Aus dem Reis 12 Nocken formen und diese mit den Mangostreifen belegen. Mit der warmen Mangosauce anrichten.

Mein Tipp

Milchreis brennt sehr leicht an. Rühren Sie deshalb immer sorgfältig und stellen Sie die Hitze nicht zu hoch. Empfehlenswert ist die Ver-wendung eines Simmertopfs, in dem der Reis wie in einem Wasser-bad gart.

Zum Schälen von Mangos verwenden Sie am besten einen Spar-schäler. Schneiden Sie dann mit einem großen Messer fast in der Mitte der Frucht senkrecht neben dem sich dort befindenden Stein herunter und wiederholen Sie den Schnitt auf der anderen Seite des Steins.

Johann Lafer

Kärntner Reinling

340 ml Milch 2 EL (20 g) Zucker 100 g Mehl 20 g frische Hefe	Die Milch leicht erwärmen und mit Zucker, Mehl und zerbröckelter Hefe verrühren. Diesen Vorteig mit einem Tuch abdecken und an einem warmen Ort etwa 20 Minuten gehen lassen.
400 g Mehl 3 Eigelb abgeriebene Schale von ½ unbehandelten Orange abgeriebene Schale von ½ unbehandelten Zitrone ausgekratztes Mark von 1 Vanilleschote 1 Prise Salz 80 g weiche Butter	Das Mehl sieben und mit Eigelben, Orangen- und Zitronenschale, dem Vanillemark sowie dem Salz zu dem Vorteig geben. Alles zusammen mit der Butter zu einem glatten Teig verarbeiten. Den Teig mit einem Tuch abdecken und gehen lassen, bis sich das Volumen verdoppelt hat.
50 g Rosinen 2 EL Rum 150 g Haselnüsse 100 g Butter 2 EL Kastanienhonig abgeriebene Schale von 1 unbehandelten Orange 1 EL gemahlener Zimt	Inzwischen die Füllung vorbereiten. Dazu die Rosinen in Rum einweichen. Die Haselnüsse grob hacken. Die Butter in einer Pfanne erwärmen. Honig, Haselnüsse, Orangenschale, die Rosinen samt Rum und den Zimt dazugeben und alles leicht bräunen. Die Masse etwas abkühlen lassen.
Mehl zum Bearbeiten	Den Teig auf einer bemehlten Arbeitsfläche zu einem Rechteck ausrollen. Die Füllung gleichmäßig dünn auf dem Teig verteilen. Den Hefeteig zusammenrollen und die Nähte gut zusammendrücken.
Butter für die Form	Eine Gugelhupfform mit Butter einfetten. Den aufgerollten Hefeteig in die Form legen. Die Form mit einem Tuch abdecken und den Teig nochmals etwa 30 Minuten gehen lassen. Den Backofen auf 180 °C vorheizen.
50 g Butter	Die Butter schmelzen lassen und den Teig mit der Hälfte davon bestreichen. Den Kuchen auf der mittleren Einschubleiste 45–50 Minuten backen.
Puderzucker zum Bestäuben	Den Kuchen aus dem Ofen nehmen, aus der Form stürzen, mit der restlichen Butter bestreichen und großzügig mit Puderzucker bestäuben.

*T*rüffeltorte

6 Eier **150 g Zucker**	Für den Biskuit den Backofen auf 200 °C vorheizen. Die Eier und den Zucker über einem heißen Wasserbad cremig aufschlagen. Die Creme vom Wasserbad nehmen und mit dem Handrührgerät, am besten auf Eiswürfeln, wieder kalt schlagen.
50 g Butter **140 g Mehl** **3 EL (30 g) Kakao**	Die Butter schmelzen. Das Mehl mit dem Kakao mischen, zu der Eiercreme sieben und mit einer Teigkarte unterheben. Dann die flüssige Butter unter den Teig ziehen.
Backpapier	Den Boden einer Springform (Ø 26 cm) mit Backpapier auslegen. Den Teig in die Form füllen und auf der mittleren Einschubleiste 25–30 Minuten backen. Den Biskuit etwas abkühlen lassen und aus der Form nehmen.
4 EL Wasser **4 EL (40 g) Zucker**	Für den Läuterzucker das Wasser aufkochen, den Zucker hinzufügen, einmal aufkochen lassen und vom Herd nehmen.
400 g Bitterkuvertüre **¼ l Sahne**	Für die Trüffelcreme die Bitterkuvertüre klein schneiden. Die Sahne aufkochen und die klein geschnittene Kuvertüre darunter rühren, bis sie sich vollständig gelöst hat. Die Sahne dabei nicht mehr kochen. Die Creme abkühlen lassen und immer wieder mit einem Schneebesen durchrühren, damit sich keine Haut bildet.
100 g sehr weiche Butter **4 EL brauner Rum**	Die noch lauwarme Creme in eine Schüssel umfüllen und die sehr weiche Butter unterrühren. Die Creme mit einem Handrührgerät so lange schaumig aufschlagen, bis sie das doppelte Volumen erreicht hat. Den Rum hinzufügen und die Creme gleich verarbeiten.
2 EL Rum **2 EL Cointreau (Orangenlikör)**	Den Biskuitboden zweimal waagerecht teilen. Auf den ersten Boden knapp ein Drittel der Trüffelcreme auftragen und den zweiten Boden darauf legen. Rum, Cointreau und 2 EL vom Läuterzucker verrühren und mit der Hälfte der Mischung den zweiten Boden tränken. Wieder ein knappes Drittel der Creme auftragen, den dritten Boden darauf legen, wieder tränken und mit Creme bestreichen.
100 g Bitterkuvertüre	Die Bitterkuvertüre raspeln und auf die Torte streuen, bevor die Creme fest wird. Die Torte nicht kühlen, sondern gleich in 16 Stücke einteilen.
16 Trüffelkugeln (fertig gekauft) **evtl. Puderzucker zum Bestäuben**	Die restliche Creme in einen Spritzbeutel mit Sterntülle (Nr. 6) füllen. Auf jedes Tortenstück eine Cremerosette spritzen und eine Trüffelkugel darauf setzen. Die Mitte der Torte evtl. mit etwas Puderzucker bestäuben.

Sahne-Himbeer-Torte

120 g zimmerwarme Butter 50 g Zucker 1 Prise Salz	Den Backofen auf 180 °C vorheizen. Die Butter mit dem Zucker und dem Salz in einer Schüssel leicht verrühren.
abgeriebene Schale von 1 unbehandelten Zitrone abgeriebene Schale von 1 unbehandelten Orange 1 Ei 180 g Mehl 1 EL geschlagene Sahne Backpapier	Zitronen-, Orangenschale und das Ei hinzufügen und verrühren. Das Mehl darauf sieben, die Sahne dazugeben und alle Zutaten zu einem glatten Teig verarbeiten. Den Teig in einen Spritzbeutel mit Lochtülle füllen. Den Boden einer Springform (Ø 22 cm) mit Backpapier auslegen. Den Teig in Form einer Spirale aufspritzen. Wenn nötig, den Rand mit einem Löffel verstreichen. Den Tortenboden auf der mittleren Einschubleiste etwa 20 Minuten backen, abkühlen lassen und aus der Form nehmen.
80 ml Orangensaft 50 g Zucker 4 EL Grand Marnier (Orangenlikör)	Den Orangensaft mit dem Zucker und dem Grand Marnier siruppartig einkochen und dann auskühlen lassen.
Backoblaten 600 ml Sahne 100 g Puderzucker	Den Tortenboden mit Backoblaten belegen und mit dem Sirup bestreichen. Die Sahne mit dem Puderzucker steif schlagen.
3 Blatt Gelatine ausgekratztes Mark von ½ Vanilleschote	Die Gelatine in kaltem Wasser einweichen, ausdrücken und mit 1 EL Wasser bei milder Hitze auflösen. Das Vanillemark dazugeben. Einen Teil der geschlagenen Sahne in die Gelatine einrühren. Beides unter die restliche geschlagene Sahne heben und leicht stocken lassen. Die Sahne in einen Spritzbeutel füllen.
Frischhaltefolie	Den Tortenboden auf eine Tortenplatte legen. Einen Tortenring (Ø 26 cm) mit Frischhaltefolie auslegen und um den Boden setzen. Mit dem Spritzbeutel die Sahne spiralförmig dick um den Rand des Bodens spritzen.
2 Blatt Gelatine 100 ml Weißwein 100 ml Holunderblütensirup	Die Gelatine in etwas kaltem Wasser einweichen. Den Weißwein erwärmen, die Gelatine darin auflösen, mit dem Sirup auffüllen und erkalten lassen, bis der Guss zähflüssig ist.
400 g frische Himbeeren	Die Himbeeren in die Mitte der Torte verteilen und mit dem Guss beträufeln oder bestreichen.
evtl. 30 g geröstete Mandelblättchen	Die Torte mindestens 1 Stunde kühl stellen und vor dem Servieren vorsichtig den Tortenring ablösen. Den unteren Tortenrand evtl. mit gerösteten Mandelblättchen garnieren.

Früchtekuchen mit Mandeln

400 g Mehl
Für den Hefeteig das Mehl in eine Schüssel sieben und in die Mitte eine Mulde drücken.

25 g frische Hefe
100 ml lauwarme Milch
3 EL (30 g) Zucker
Die zerbröckelte Hefe in der Milch auflösen, den Zucker dazugeben und in die Mehlmulde gießen. Die aufgelöste Hefe dünn mit Mehl besieben, die Schüssel mit einem Tuch abdecken und diesen Vorteig an einem warmen Ort gehen lassen.

70 g Butter
2 Eier
½ TL Salz
Die Butter schmelzen. Sobald die Oberfläche des Teigs Risse zeigt, die Eier, die Butter und das Salz dazugeben und alles so lange zu einem glatten Teig schlagen, bis er Blasen wirft und sich vom Schüsselrand löst.

170 g gemischte getrocknete Früchte
Mehl zum Bearbeiten
Fett für das Blech
Die getrockneten Früchte in kleine Würfel schneiden. Den Teig mit den Früchtewürfeln mischen und mit einem Nudelholz auf einer bemehlten Arbeitsfläche gleichmäßig in der Größe eines Backblechs etwa 1 cm dick ausrollen. Das Backblech einfetten, den Teig darauf legen, mit einem Tuch abdecken und nochmals etwa 20 Minuten gehen lassen.

300 g Butter
Den Backofen auf 200 °C vorheizen. Für den Belag die Butter schaumig rühren. Mit einem Kochlöffelstiel in geringem Abstand Vertiefungen in den Teig drücken. Sie sollen bis auf das Blech reichen. Die Butter in einen Spritzbeutel füllen und kleine Tupfen in die Löcher spritzen.

100 g Zucker
½ TL gemahlener Zimt
100 g gehobelte Mandeln
Den Zucker mit dem Zimt gut vermischen und über den Kuchen streuen. Die Mandeln gleichmäßig auf der Oberfläche verteilen. Den Kuchen auf der mittleren Einschubleiste 20–30 Minuten backen.

> *Mein Tipp*
> *Frische Hefe hält sich im Kühlschrank etwa 14 Tage. Danach wird sie braun und verliert ihre Triebkraft. Sie können Hefe auch für etwa 2 Monate einfrieren. Sollten Sie keine frische Hefe bekommen, nehmen Sie Trockenhefe (für das Rezept oben benötigen Sie 7 g).*

Soufflierte lauwarme Limonentorte

120 g Speisestärke
200 g Mehl
150 g kalte Butter
1 Ei, 1 Eigelb
½ TL Backpulver
120 g Puderzucker
½ TL Salz
Mehl zum Bearbeiten

Alle Zutaten für den Mürbeteig in eine Schüssel geben und mit bemehlten Händen oder dem Handrührgerät zu einem glatten Teig verkneten. Den Teig abgedeckt etwa 2 Stunden kühl stellen.

Mehl
Frischhaltefolie
Fett für die Form
Backpapier

Den Mürbeteig zwischen 2 bemehlten Lagen Frischhaltefolie etwa 3 mm dick ausrollen. Eine Springform (Ø 28 cm) ausfetten. Den Boden mit Backpapier auslegen. Den Teig in die Form geben und am Rand bis zu ¾ der Höhe andrücken.

60 g Zucker, 80 g Mehl
1 P. Vanillezucker
80 ml Milch
4 Eigelb
500 g Magerquark
40 ml Limonensirup
abgeriebene Schale von
2 unbehandelten Limonen

Für die Füllung Zucker, Mehl, Vanillezucker und Milch zu einer zähflüssigen Masse verrühren. Die Eigelbe, den Quark, den Limonensirup und die Limonenschale hinzufügen und unterrühren.

180 ml Sahne
4 Eiweiß
1 Prise Salz
60 g Zucker

Den Backofen auf 170 °C vorheizen. Die Sahne steif schlagen. Die Eiweiße mit 1 Prise Salz und dem Zucker ebenfalls steif schlagen. Sahne und Eischnee mit einem Schneebesen unter die Füllung heben.
Die sehr flüssige Füllung in die Form gießen (bis kurz unter den Teigrand). Die Torte auf der mittleren Einschubleiste etwa 45 Minuten backen.

Puderzucker zum Bestäuben

Die fertige Torte kurz abkühlen lassen und dann aus der Form nehmen. Vor dem Servieren mit durchgesiebtem Puderzucker bestäuben.

Mein Tipp

Bei der Zubereitung von Mürbeteig kommt es darauf an, den Teig nicht zu lange zu kneten, sonst zieht er sich im Backofen zusammen. Decken Sie ihn vor dem Kühlen sorgfältig ab, sonst trocknet er an den Rändern und reißt beim Ausrollen. Sollte der Teig zu trocken geraten sein, können Sie ein wenig Wasser einarbeiten. Gut verpackt hält sich ungebackener Mürbeteig im Kühlschrank 2 Tage. Sie können ihn roh aber auch für etwa 3 Monate einfrieren.

Johann Lafer

Rezeptverzeichnis nach Kapiteln

Vorspeisen

Alltagsgerichte

Raffinierte Speisen

Desserts und Gebäck

$\mathcal{A}$lphabetisches Rezeptverzeichnis

Sie finden uns im Internet: **www.bassermann-verlag.de**

Wenn Sie Fragen zu speziellen Formen oder Küchengeräten haben, die in den Rezepten verwendet werden, wenden Sie sich bitte an folgende Adresse:
Johann Lafer's Table d'Or GmbH, Hauptstraße 3, 55452 Guldental

Der Verlag dankt der Firma WMF Aktiengesellschaft in Geislingen/Steige für die freundliche Unterstützung.

Dieses Buch wurde auf chlorfrei gebleichtem und säurefreiem Papier gedruckt.

Der Text dieses Buches entspricht den Regeln der neuen deutschen Rechtschreibung.

ISBN-10: 3 8094 1666 5
ISBN-13: 978 3 8094 1666 1

Umschlaggestaltung: Therese und Horst Rothe, Niedernhausen
Layout: Christina Dinkel, Stuttgart
Redaktion: Birgit Wenderoth
Redaktion dieser Ausgabe: Anja Halveland
Foodstyling: Andreas Neubauer
Rezeptfotos: Walter Cimbal, Hamburg
Weitere Fotos im Innenteil: Walter Cimbal, Hamburg: S. 4, 5, 12, 13, 16/17, 56/57, 96/97 und 126/127; **Fotostudio Hartmann**, Taunusstein: alle Fotos mit Johann Lafer bei den Tipps im Rezeptteil; **Johann Lafer**, Stromberg: S. 6; **WMF Aktiengesellschaft**, Geislingen/Steige: S. 9, 10 und 11; **FALKEN Archiv:** Brauner: S. 156 o.re. und u.li. / Feiler: S. 1, 3, 156 o.li. / Grauel und Uphoff: S. 158 o. / Kerth: S. 8 / Schmitz: S. 158 u. / TLC: S. 159

Druck: Neografia, Martin
Printed in Slovakia

075290401X817 2635 4453 62